KB160984

급소만을 집중 공략한
JLPT(일본어능력시험) 완벽 대비서

JLPT 급소공략

N3 청해

다락원

JLPT
급소공략 N3 청해 <2nd EDITION>

지은이 김윤선, 이영아, 박성길, 도리이 마이코
펴낸이 정규도
펴낸곳 (주)다락원

초판 1쇄 발행 2019년 10월 31일
초판 3쇄 발행 2023년 12월 20일

책임편집 송화록, 손명숙
디자인 하태호, 이승현, 박태연
그림 이보라

다락원 경기도 파주시 문발로 211
내용문의: (02)736-2031 내선 460~465
구입문의: (02)736-2031 내선 250~252
Fax: (02)732-2037
출판등록 1977년 9월 16일 제 406-2008-000007호

ISBN 978-89-277-1225-1 14730
978-89-277-1205-3(set)

http://www.darakwon.co.kr

- 다락원 홈페이지에 접속하면 상세한 출판 정보와 함께 동영상 강좌, MP3 자료 등 다양한 어학 정보를 얻을 수 있습니다.
- 다락원 홈페이지에서 "**〈2nd EDITION〉 JLPT 급소공략 N3 청해**"를 검색하거나 표지 날개의 QR코드를 찍으면 MP3 파일을 듣거나 다운로드 할 수 있습니다.

머리말

JLPT(일본어능력시험)는 국제교류기금 및 일본국제교육지원협회가 일본국내 및 해외에서 일본어를 모국어로 하지 않는 사람을 대상으로 일본어 능력을 측정하고 인정하는 것이 목적인 시험으로, 일본 정부가 공인하는 세계 유일의 일본어 시험입니다.

1984년부터 매년 12월에 시행되었고 2009년부터 1년에 2회, 7월과 12월에 실시되고 있습니다. 또한, 2010년부터 학습자들의 과제 수행을 위한 커뮤니케이션 능력 측정을 위해 새로운 유형으로 바뀌면서 기존 1급에서 4급까지이던 것이 N1부터 N5까지 5단계로 더 세분화되었습니다.

본서의 특징은 다음과 같습니다.

첫째, 기존의「급소공략」시리즈의 개정을 맞아 새롭게 추가된 청해 분야 대비서입니다.

둘째, 과거 기출문제를 분석하여 사회 전반에 걸친 내용을 토대로 출제 가능성이 높은 형태들의 문제로 구성하였습니다.

셋째, 기본적으로 강의용 교재이지만 스크립트와 해석, 단어를 별도로 정리하여 혼자서도 충분히 학습이 가능하도록 배려하였습니다.

넷째, 실제 시험과 동일한 구성으로 모의고사 5회분을 수록하여 실전 감각을 바로 익히고, 문제 유형 파악과 어휘력 확장이 가능하도록 하였습니다.

청해 실력은 하루 아침에 느는 것이 아니라 귀를 얼마나 일본어에 노출시키느냐에 따라 좌우된다고 할 수 있습니다. 어휘력이 뛰어나더라도 음성 학습에 익숙하지 않으면 청해에서 좋은 점수를 받기 어려운 것이 사실입니다. 본서를 통해 반복적으로 학습한다면 듣기 능력 향상에 큰 도움이 될 것입니다.

JLPT 청해는 실생활에서 자주 접할 수 있는 과제 해결 능력을 평가하는 문제가 다수 출제됩니다. 본서를 통해 학습자들이 다양한 형태의 문제를 접해 보고 실력을 키워 나간다면 합격은 물론 고득점이라는 목적을 달성하리라고 확신합니다.

끝으로 이 책의 출판에 도움을 주신 ㈜다락원의 정규도 사장님과 일본어출판부 직원 여러분에게 이 자리를 빌려 감사의 말씀을 드립니다.

저자 일동

JLPT(일본어능력시험) N3 청해 유형 분석

2010년부터 실시된 JLPT(일본어능력시험) N3 청해의 문제 유형은 총 5가지이며, 이전 시험보다 비중이 늘었다. 시험 시간은 40분이고 배점은 60점 만점이다. N3은 기존의 2급과 3급 사이의 수준으로, 3급 수준의 어휘가 어느 정도 파악이 되어 있어야 한다. 시험의 내용은 폭넓은 장면에서 사용되는 일본어를 듣고 이해할 수 있는지를 묻는다. 자연스러운 속도의 결론이 있는 회화나 뉴스, 강의를 듣고 이야기의 흐름이나 내용, 등장인물의 관계나 내용의 논리 구성 등을 상세하게 이해하거나 요지를 파악할 수 있어야 한다.

문제1 과제 이해

특정한 상황이 설정되어 있고 남녀가 대화를 나누면서 과제에 필요한 정보를 알려준다. 어떤 과제를 수행해야 하는지를 묻는 파트이기 때문에 전체적인 내용을 파악하는 것도 중요하지만, 지시나 조언하는 사람의 이야기를 주의 깊게 들어야 한다. 본문 대화가 시작되기 전에 음성으로 간단한 상황 설명과 누가 어떤 과제를 수행해야 하는지에 대한 질문이 제시된다. 6문제 정도가 출제된다.

문제1 과제 이해

問題 1

問題1では、まず質問を聞いてください。それから話を聞いて、問題用紙の1から4の中から、最もよいものを一つえらんでください。

1ばん TRACK 1101

1 ア エ イ ウ
2 イ エ ア ウ
3 ウ エ ア イ
4 ウ イ ア エ

10

2ばん TRACK 1102

1 家のしゅうりをする
2 ウェブサイトで地図をチェックする
3 ウェブサイトで地震のニュースを見る
4 安全なところにひっこしをする

3ばん TRACK 1103

1 福岡
2 東京
3 北海道
4 沖縄

4ばん TRACK 1104

1 れんあいうん
2 きんうん
3 仕事うん
4 けんこううん

1회

11

문제2 포인트 이해

과제 이해와 마찬가지로 주로 남녀 두 명이 등장하는데, 대화에 앞서 상황 설명과 질문이 먼저 제시된다. 포인트 이해 파트에서는 왜(なんで), 어째서(どうして), 뭐가(何が), 어떤(どんな) 등과 같은 키워드를 사용해서 이유나 원인, 주고 받는 대화의 구체적인 내용을 묻는 경우가 많으므로 집중력이 요구되는 파트이다. 6문제 정도가 출제된다.

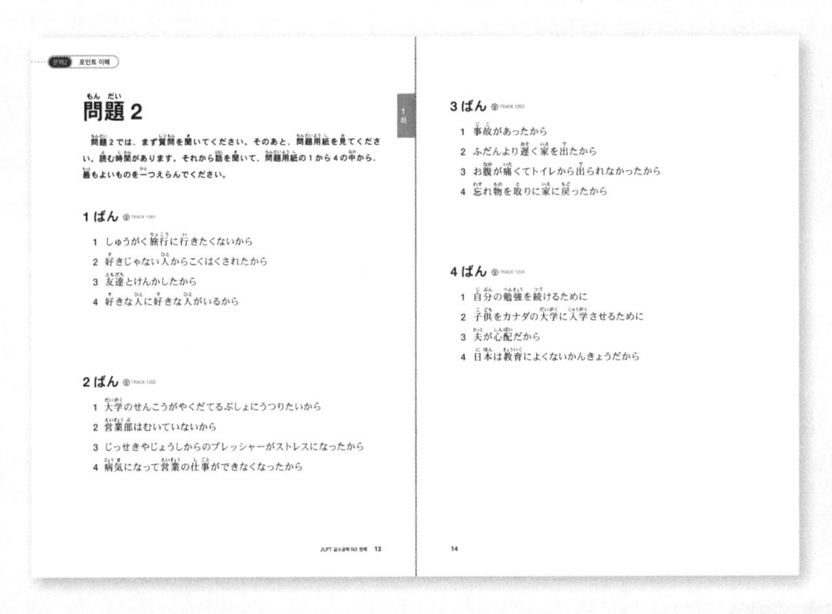
문제2 포인트 이해

問題 2

問題2では、まず質問を聞いてください。そのあと、問題用紙を見てください。読む時間があります。それから話を聞いて、問題用紙の1から4の中から、最もよいものを一つえらんでください。

1ばん TRACK 1201

1 しゅうがく旅行に行きたくないから
2 好きじゃない人からこくはくされたから
3 友達とけんかしたから
4 好きな人に好きな人がいるから

2ばん TRACK 1202

1 大学のせんこうがやくだてるぶしょにうつりたいから
2 営業部はむいていないから
3 じっせきやじょうしからのプレッシャーがストレスになったから
4 病気になって営業の仕事ができなくなったから

JLPT 급소공략 N3 청해 13

3ばん TRACK 1203

1 事故があったから
2 ふだんより遅く家を出たから
3 お腹が痛くてトイレから出られなかったから
4 忘れ物を取りに家に戻ったから

4ばん TRACK 1204

1 自分の勉強を続けるために
2 子供をカナダの大学に入学させるために
3 夫が心配だから
4 日本は教育によくないかんきょうだから

14

문제3 개요 이해

보통 한 명 또는 두 명이 이야기하고, 내용 전체의 주제나 화자의 의도, 주장 등을 묻는 문제이다. 문제지에 아무것도 인쇄되어 있지 않고, 본문 내용을 들려주기 전에 질문이 제시되지 않기 때문에 조금 긴장할 수 있으나 전체적인 흐름만 파악하면 오히려 쉽게 풀 수 있다. 대강의 요점을 파악하는 문제이므로 단어 하나하나에 너무 집착할 필요는 없다. 3문제 정도가 출제된다.

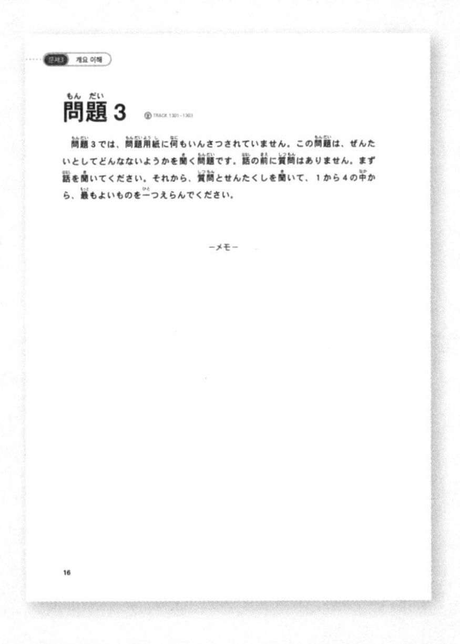
문제3 개요 이해

問題 3 TRACK 1301~1303

問題3では、問題用紙に何もいんさつされていません。この問題は、ぜんたいとしてどんなないようかを聞く問題です。話の前に質問はありません。まず話を聞いてください。それから、質問とせんたくしを聞いて、1から4の中から、最もよいものを一つえらんでください。

ーメモー

16

문제4 발화 표현

주어진 삽화를 보면서 상황 설명을 듣고 화살표가 가리키는 사람이 해야 할 말로 알맞은 것을 3개의 선택지 중에서 고르는 문제이다. 선택지는 음성으로 제시되며 4문제 정도가 출제된다.

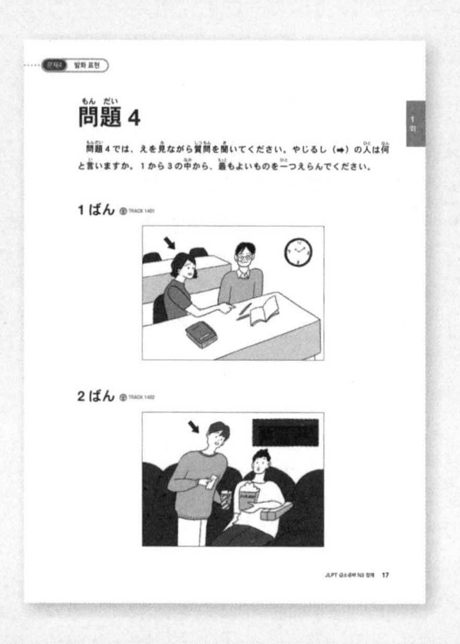

문제4 발화 표현

問題 4

問題4では、えを見ながら質問を聞いてください。やじるし（➡）の人は何と言いますか。1から3の中から、最もよいものを一つえらんでください。

1ばん TRACK 1401

2ばん TRACK 1402

JLPT 급소공략 N3 청해 17

문제5 즉시 응답

두 명이 등장하여 짧은 문장의 대화를 주고 받는다. 앞 사람의 말에 가장 적절한 응답을 3개의 선택지 중에서 고르는 문제이다. 문제지에는 아무 것도 인쇄되어 있지 않고, 음성을 들으며 바로 바로 답안지에 정답을 표시해야 한다. 9문제가 출제된다.

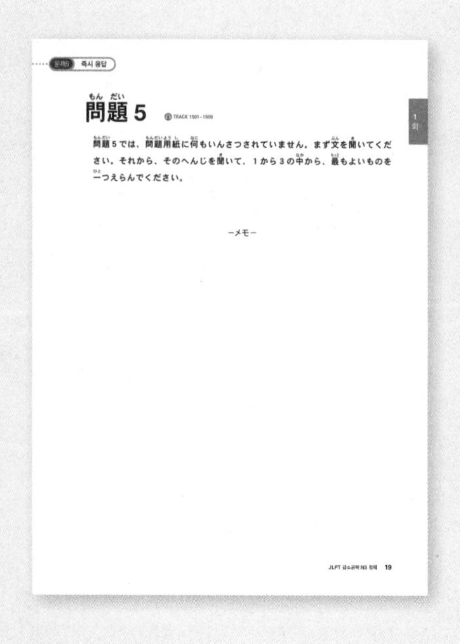

문제5 즉시 응답

問題 5 TRACK 1501～1509

問題5では、問題用紙に何もいんさつされていません。まず文を聞いてください。それから、そのへんじを聞いて、1から3の中から、最もよいものを一つえらんでください。

－メモ－

JLPT 급소공략 N3 청해 19

교재의 구성과 특징

본문

모의고사 실전 모의고사 형식의 문제를 총 5회분 수록하였다.

문제2 포인트 이해 — 문제의 유형을 나타낸다.

問題 2

問題 2では、まず質問を聞いてください。そのあと、問題用紙を見てください。読む時間があります。それから話を聞いて、問題用紙の1から4の中から、最もよいものを一つえらんでください。

1ばん TRACK 1201

1 しゅうがく旅行に行きたくないから
2 好きじゃない人からこくはくされたから
3 友達とけんかしたから
4 好きな人に好きな人がいるから

2ばん TRACK 1202

1 大学のせんこうがやくだてるぶしょにうつりたいから
2 営業部はむいていないから
3 じっせきやじょうしからのプレッシャーがストレスになったから
4 病気になって営業の仕事ができなくなったから

JLPT 급소공략 N3 청해 13

각 회차의 전체 음성과 문제별 음성을 들을 수 있다.

정답과 스크립트 부록에는 문제의 정답과 스크립트 및 해석, 그리고 단어와 표현이 정리되어 있다.

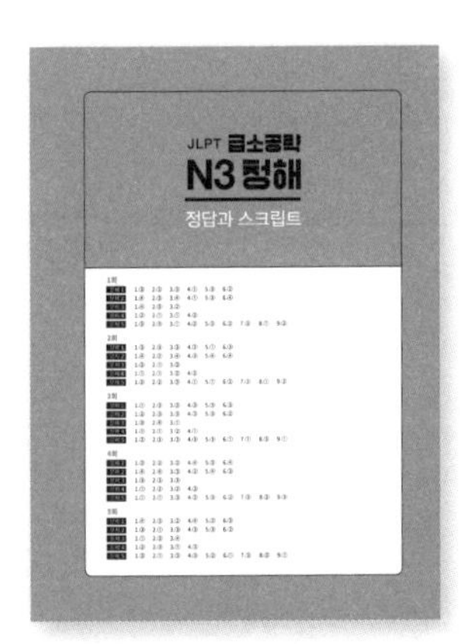

1회

問題1

1番

旅行会社のガイドさんが話しています。明日のスケジュールはどうなりますか。

女　明日は観光メインの二日目なので、朝早く出発いたします。まずは7月が一番きれいな時期であるラベンダーを見に行きます。紫色の畑を眺めながら、ラベンダーの香りに包まれると幸せになるでしょう。ラベンダー畑の見物が終わったら、お昼ごはんです。北海道といえばやっぱりかに。明日のランチは新鮮なかにが味わえる、かにしゃぶしゃぶです。その後は大自然の中で馬に乗ります。大自然に囲まれた静かな環境で馬に乗りながら心身ともにリラックスしましょう。それから北海道の人気観光スポットである小樽で、きれいな夜景を見ながらおいしいデザートを味わいましょう。

明日のスケジュールはどうなりますか。

1 ア エ イ ウ
2 イ エ ア ウ
3 ウ エ ア イ
4 ウ イ ア エ

문제1

1번

여행회사의 가이드가 이야기하고 있습니다. 내일 스케줄은 어떻게 됩니까?

여　내일은 관광 위주인 둘째 날이기 때문에 아침 일찍 출발하겠습니다. 우선 7월이 가장 예쁜 시기인 라벤더를 보러 갈 겁니다. 보라색 밭을 바라보면서 라벤더 향기에 둘러 쌓이면 행복해지겠죠. 라벤더 밭 구경이 끝나면 점심 식사입니다. 홋카이도라고 하면 역시 게! 내일 점심은 신선한 게를 맛볼 수 있는 게 샤브샤브입니다. 그 후에는 대자연 속에서 말을 타겠습니다. 대자연에 둘러 쌓인 조용한 환경에서 말을 타며 몸과 마음의 긴장을 풀어봅시다. 그러고 나서 홋카이도의 인기 관광지인 오타루에서 아름다운 야경을 보면서 맛있는 디저트를 맛봅시다.

내일 스케줄은 어떻게 됩니까?

1 승마 체험–점심–디저트 시식–라벤더 밭 구경
2 디저트 시식–점심–승마 체험–라벤더 밭 구경
3 라벤더 밭 구경–점심–승마 체험–디저트 시식
4 라벤더 밭 구경–디저트 시식–승마 체험–점심

スケジュール 스케줄, 일정 | 観光 관광 | メイン 메인, 위주 | 出発 출발 | 時期 시기 | ラベンダー 라벤더 | 紫色 보라색 | 畑 밭 | 眺める 바라보다 | 香り 향기 | 包む 감싸다, 둘러싸다 | 幸せ 행복 | 見物 구경 | 北海道 홋카이도〈지명〉 | かに 게 | ランチ 점심 | 新鮮だ 신선하다 | 味わう 맛보다 | しゃぶしゃぶ 샤브샤브 | 大自然 대자연 | 馬 말 | 囲む 둘러싸다 | 静かだ 조용하다 | 環境 환경 | 心身 심신, 몸과 마음 | ともに 동시에, 같이 | リラックス 긴장을 풀고 쉼 | 人気 인기 | 小樽 오타루〈지명〉 | 夜景 야경 | デザート 디저트, 후식

2番

女の人と男の人が話しています。男の人はこれから何をしますか。

女　最近地震とか大雨とか多くて怖いよね。うち

2번

여자와 남자가 이야기하고 있습니다. 남자는 앞으로 무엇을 합니까?

여　요즘 지진이나 호우가 많아서 무서워. 우리집 낡아서 진짜 걱정돼.

70

CONTENTS

JLPT

급소공략 N3 청해

問題(もんだい) 1

問題(もんだい)1では、まず質問(しつもん)を聞(き)いてください。それから話(はなし)を聞(き)いて、問題用紙(もんだいようし)の1から4の中(なか)から、最(もっと)もよいものを一(ひと)つえらんでください。

1ばん TRACK 1101

1 ア エ イ ウ

2 イ エ ア ウ

3 ウ エ ア イ

4 ウ イ ア エ

2ばん TRACK 1102

1 家(いえ)のしゅうりをする

2 ウェブサイトで地図(ちず)をチェックする

3 ウェブサイトで地震(じしん)のニュースを見(み)る

4 安全(あんぜん)なところにひっこしをする

3ばん TRACK 1103

1 福岡(ふくおか)

2 東京(とうきょう)

3 北海道(ほっかいどう)

4 沖縄(おきなわ)

4ばん TRACK 1104

1 れんあいうん

2 きんうん

3 仕事(しごと)うん

4 けんこううん

5 ばん TRACK 1105

1 チームのかんとく

2 おうえんしてくれたファンのみなさん

3 まわりの選手(せんしゅ)

4 チームのキャプテン

6 ばん TRACK 1106

1 韓国語教室(かんこくごきょうしつ)

2 エアロビック

3 バレエ

4 茶道(ちゃどう)

問題(もんだい) 2

問題(もんだい)2では、まず質問(しつもん)を聞(き)いてください。そのあと、問題用紙(もんだいようし)を見(み)てください。読(よ)む時間(じかん)があります。それから話(はなし)を聞(き)いて、問題用紙(もんだいようし)の1から4の中(なか)から、最(もっと)もよいものを一(ひと)つえらんでください。

1ばん TRACK 1201

1 しゅうがく旅行(りょこう)に行(い)きたくないから

2 好(す)きじゃない人(ひと)からこくはくされたから

3 友達(ともだち)とけんかしたから

4 好(す)きな人(ひと)に好(す)きな人(ひと)がいるから

2ばん TRACK 1202

1 大学(だいがく)のせんこうがやくだてるぶしょにうつりたいから

2 営業部(えいぎょうぶ)はむいていないから

3 じっせきやじょうしからのプレッシャーがストレスになったから

4 病気(びょうき)になって営業(えいぎょう)の仕事(しごと)ができなくなったから

3ばん TRACK 1203

1 事故があったから

2 ふだんより遅く家を出たから

3 お腹が痛くてトイレから出られなかったから

4 忘れ物を取りに家に戻ったから

4ばん TRACK 1204

1 自分の勉強を続けるために

2 子供をカナダの大学に入学させるために

3 夫が心配だから

4 日本は教育によくないかんきょうだから

5 ばん TRACK 1205

1 しぜんゆたかで子供(こども)を育(そだ)てるのにいい場所(ばしょ)だから

2 ずっとマイホームにあこがれがあったから

3 毎月(まいつき)やちんを払(はら)うよりとくだから

4 てんきんすることになったから

6 ばん TRACK 1206

1 小(ちい)さいサイズしかないから

2 ケーキにメッセージが書(か)けないから

3 チョコクリームにかえられないから

4 誕生日(たんじょうび)に間(ま)に合(あ)わないから

問題 3

TRACK 1301~1303

問題 3 では、問題用紙に何もいんさつされていません。この問題は、ぜんたいとしてどんなないようかを聞く問題です。話の前に質問はありません。まず話を聞いてください。それから、質問とせんたくしを聞いて、1 から 4 の中から、最もよいものを一つえらんでください。

−メモ−

問題 4

問題 4 では、えを見ながら質問を聞いてください。やじるし（➡）の人は何と言いますか。１から３の中から、最もよいものを一つえらんでください。

1 ばん TRACK 1401

2 ばん TRACK 1402

3 ばん TRACK 1403

4 ばん TRACK 1404

問題5

TRACK 1501~1509

問題5では、問題用紙に何もいんさつされていません。まず文を聞いてください。それから、そのへんじを聞いて、1から3の中から、最もよいものを一つえらんでください。

—メモ—

J L P T

급소공략 N3 청해

問題 1

問題１では、まず質問を聞いてください。それから話を聞いて、問題用紙の１から４の中から、最もよいものを一つえらんでください。

１ばん TRACK 2101

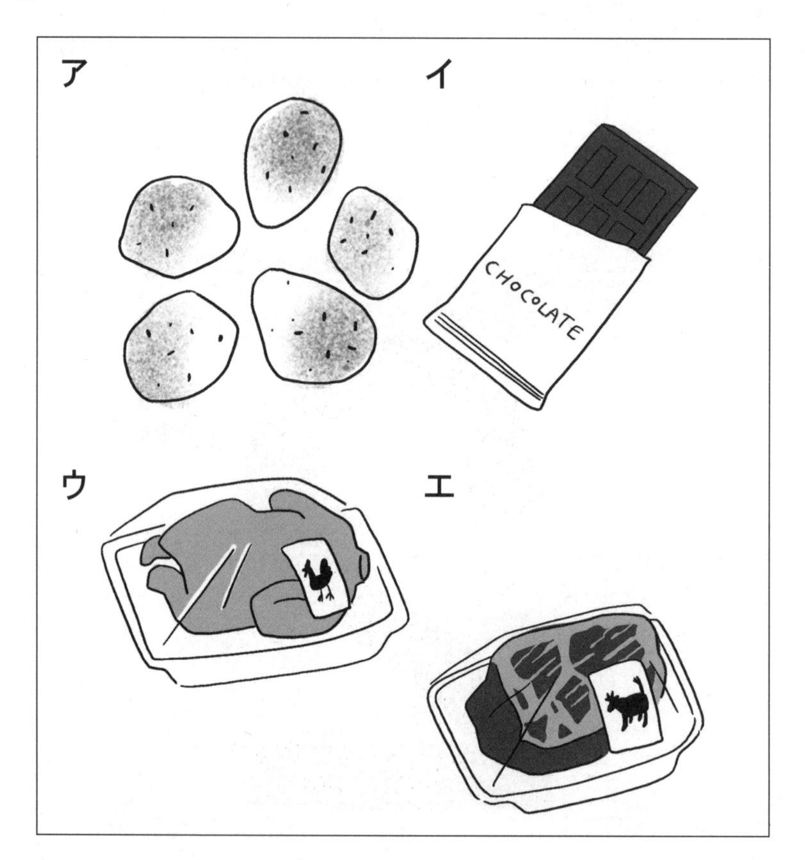

1 ア イ

2 ア ウ

3 ア イ エ

4 ア エ

2회

2ばん TRACK 2102

1 レポートを書(か)きなおす

2 先生(せんせい)と相談(そうだん)する

3 夏休(なつやす)みにも授業(じゅぎょう)を受(う)ける

4 じもとに帰(かえ)る

3ばん TRACK 2103

1 バイト先(さき)に電話(でんわ)をして休(やす)みを取(と)る

2 バイトが終(お)わってから急(いそ)いではくぶつかんに行(い)く

3 代(か)わりにバイトをしてくれる人(ひと)を探(さが)す

4 他(ほか)の友達(ともだち)をさそうよう女(おんな)の人(ひと)に伝(つた)える

4ばん TRACK 2104

1 2泊(にはく)3日(みっか)

2 1泊(いっぱく)2日(ふつか)

3 3泊(さんぱく)4日(よっか)

4 日帰(ひがえ)り

5ばん TRACK 2105

1 かき氷(ごおり)

2 ファッションショー

3 たこ焼(や)き

4 お好(この)み焼(や)き

6ばん TRACK 2106

1 札幌(さっぽろ)

2 台湾(たいわん)

3 ベトナム

4 沖縄(おきなわ)

問題 2

問題 2 では、まず質問を聞いてください。そのあと、問題用紙を見てください。読む時間があります。それから話を聞いて、問題用紙の 1 から 4 の中から、最もよいものを一つえらんでください。

1 ばん TRACK 2201

1 風邪ぎみで冷たいものが食べたくないから

2 好きな果物じゃないから

3 ダイエットしているから

4 違う店で他のデザートが食べたいから

2 ばん TRACK 2202

1 けんこうにいいから

2 母と時間をすごしたいから

3 しぜんの中にいるといやされるから

4 きれいな景色が見られるから

3 ばん TRACK 2203

1 すぐしゅうしょくができるから

2 しかくを取るのが簡単だから

3 ペットショップで働きたいから

4 自分の犬のケアは自分でやりたいから

4 ばん TRACK 2204

1 両親が反対しているから

2 彼とせいかくが合わないから

3 家族をはなれたくないから

4 彼が真面目じゃないから

5 ばん TRACK 2205

1 他(ほか)のがくぶはもう落(お)ちたから

2 科学(かがく)が勉強(べんきょう)できるがくぶだから

3 ずっとまなびたいぶんやだったから

4 おやにすすめられたから

6 ばん TRACK 2206

1 しつれんしたから

2 びようしさんにすすめられたから

3 彼(かれ)が好(す)きなヘアスタイルだから

4 暑(あつ)くて長(なが)い髪(かみ)がじゃまにかんじたから

問題(もんだい) 3

TRACK 2301~2303

問題(もんだい) 3では、問題用紙(もんだいようし)に何(なに)もいんさつされていません。この問題(もんだい)は、ぜんたいとしてどんなないようかを聞(き)く問題(もんだい)です。話(はなし)の前(まえ)に質問(しつもん)はありません。まず話(はなし)を聞(き)いてください。それから、質問(しつもん)とせんたくしを聞(き)いて、1から4の中(なか)から、最(もっと)もよいものを一(ひと)つえらんでください。

ーメモー

問題 4

問題４では、えを見ながら質問を聞いてください。やじるし（➡）の人は何と言いますか。１から３の中から、最もよいものを一つえらんでください。

1 ばん TRACK 2401

2 ばん TRACK 2402

3ばん TRACK 2403

4ばん TRACK 2404

問題 5

TRACK 2501~2509

問題 5 では、問題用紙に何もいんさつされていません。まず文を聞いてください。それから、そのへんじを聞いて、1 から 3 の中から、最もよいものを一つえらんでください。

ーメモー

JLPT

급소공략 N3 청해

3회

問題 1

問題1では、まず質問を聞いてください。それから話を聞いて、問題用紙の1から4の中から、最もよいものを一つえらんでください。

1ばん TRACK 3101

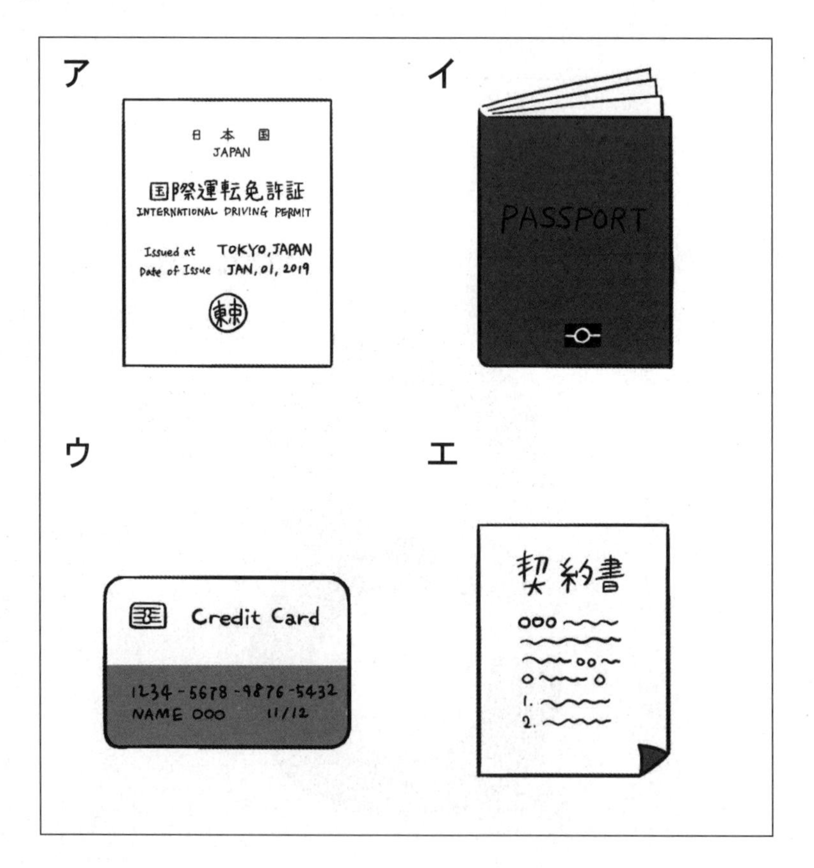

1 ア　イ　ウ

2 ア　イ

3 ア　エ

4 イ　ウ　エ

2ばん TRACK 3102

1 はなびたいかいに男の人と一緒に行く

2 一緒に行ける友達を探す

3 他のはなびたいかいを調べる

4 テレビではなびたいかいを見る

3ばん TRACK 3103

1 おおそうじをする

2 荷物をへらす

3 友達にせいりを手伝ってもらう

4 買い物をやめる

4ばん TRACK 3104

1 家にある本を片付ける

2 友達に本を持ってきてもらう

3 さんかしたいジャンルの読書かいを探す

4 家の近くにある図書館に行ってみる

5 ばん TRACK 3105

1 今日(きょう)の午後(ごご)8時(じ)に家(いえ)で

2 今日(きょう)の午後(ごご)8時(じ)に会社(かいしゃ)で

3 明日(あした)の午後(ごご)8時(じ)に家(いえ)で

4 明日(あした)の午前(ごぜん)8時(じ)に会社(かいしゃ)で

6 ばん TRACK 3106

1 ロイヤルホテル

2 グリーンホテル

3 スターホテル

4 アロハホテル

問題 2

問題 2 では、まず質問を聞いてください。そのあと、問題用紙を見てください。読む時間があります。それから話を聞いて、問題用紙の 1 から 4 の中から、最もよいものを一つえらんでください。

1 ばん TRACK 3201

1 ロボットの顔がにんげんの顔に似ていること
2 ロボットが人の話をりかいすること
3 ロボットのみためがかわいいこと
4 空港に便利なものが多いこと

2 ばん TRACK 3202

1 風邪を引いて眠れなかったから
2 友達と公園でお酒を飲んだから
3 マナーの悪い人々にめいわくをかけられたから
4 人が多いところで寝たから

3ばん TRACK 3203

1 SNSのIDがたにんに使われないように気をつける

2 かいがい旅行中に忘れ物をしないように気をつける

3 お金をようきゅうする変なメールに気をつける

4 よく嘘をつく友達に気をつける

4ばん TRACK 3204

1 仕事のないようが難しい

2 どうきの人とうまくつきあえない

3 じょうしのせいかくに合わせるのが大変だ

4 マニュアルがしょっちゅう変わる

5 ばん TRACK 3205

1 図書館(としょかん)は人(ひと)のでいりも多(おお)くてしゅうちゅうできないから

2 男(おとこ)の人(ひと)と一緒(いっしょ)に図書館(としょかん)に行(い)くのが嫌(いや)だから

3 図書館(としょかん)は不便(ふべん)なことが多(おお)いから

4 お話(はなし)しながら勉強(べんきょう)した方(ほう)が楽(たの)しいから

6 ばん TRACK 3206

1 先輩(せんぱい)が細(こま)かい人(ひと)だから

2 自分(じぶん)のものをかってに使(つか)われたから

3 大事(だいじ)にしているものを触(さわ)られたから

4 人(ひと)がいやがることをわざとするから

問題 3

TRACK 3301~3303

問題3では、問題用紙に何もいんさつされていません。この問題は、ぜんたいとしてどんなないようかを聞く問題です。話の前に質問はありません。まず話を聞いてください。それから、質問とせんたくしを聞いて、1から4の中から、最もよいものを一つえらんでください。

－メモ－

問題(もんだい) 4

問題(もんだい) 4 では、えを見(み)ながら質問(しつもん)を聞(き)いてください。やじるし（➡）の人(ひと)は何(なん)と言(い)いますか。1から3の中(なか)から、最(もっと)もよいものを一(ひと)つえらんでください。

1ばん TRACK 3401

2ばん TRACK 3402

3ばん TRACK 3403

4ばん TRACK 3404

問題 5

TRACK 3501~3509

問題 5 では、問題用紙に何もいんさつされていません。まず文を聞いてください。それから、そのへんじを聞いて、1 から 3 の中から、最もよいものを一つえらんでください。

—メモ—

JLPT

급소공략 N3 청해

問題 1

問題1では、まず質問を聞いてください。それから話を聞いて、問題用紙の1から4の中から、最もよいものを一つえらんでください。

1ばん TRACK 4101

1 ア イ ウ エ

2 ウ イ ア エ

3 ウ イ エ ア

4 イ ウ ア エ

2ばん TRACK 4102

1 ほうこくしょをさくせいする

2 会議(かいぎ)のしりょうを作(つく)る

3 会議室(かいぎしつ)の予約(よやく)をする

4 コーヒーをちゅうもんする

4 회

3ばん TRACK 4103

1 大阪行(おおさかゆ)きの切符(きっぷ)を買(か)う

2 銀行(ぎんこう)でお金(かね)をおろす

3 ネクタイを買(か)いに行(い)く

4 おそうしきに行(い)く

4ばん TRACK 4104

1 ステーキレストランに行(い)く

2 駅前(えきまえ)のラーメン屋(や)に行(い)く

3 ピザの予約(よやく)をする

4 すしの予約(よやく)をする

5ばん TRACK 4105

1 病院に行く

2 ヨガ教室に行く

3 DVDを借りる

4 スポーツジムに行く

6ばん TRACK 4106

1 女の人を図書館に迎えに行く

2 女の人のけいたいを探す

3 女の人に傘を渡しに行く

4 女の人の友達に電話する

問題 2

問題 2 では、まず質問を聞いてください。そのあと、問題用紙を見てください。読む時間があります。それから話を聞いて、問題用紙の 1 から 4 の中から、最もよいものを一つえらんでください。

1 ばん TRACK 4201

1 かいがいでけっこんしきがしたいから

2 恥ずかしいから

3 ストレスがたまるから

4 せつやくできるから

2 ばん TRACK 4202

1 こせいが出せないから

2 スカートが嫌いだから

3 似合わないから

4 じつようてきじゃないから

3ばん TRACK 4203

1　科学的(かがくてき)こんきょがないから

2　あたった経験(けいけん)がないから

3　自分(じぶん)のけつだんしかしんじないから

4　悪(わる)いけっかの時(とき)は気分(きぶん)が悪(わる)いから

4ばん TRACK 4204

1　子供達(こどもたち)が言(い)うことを聞(き)かないから

2　子供達(こどもたち)をあずけるところがないから

3　子供達(こどもたち)が兄弟(きょうだい)げんかをするから

4　子供達(こどもたち)が勉強(べんきょう)しないから

5ばん TRACK 4205

1 マナーこうざで勉強した

2 部長におそわった

3 仕事の中でしぜんに覚えた

4 本を読んで勉強した

6ばん TRACK 4206

1 運転が下手だから

2 兄に車を貸したから

3 母が反対しているから

4 エンジンが故障したから

問題 3

TRACK 4301~4303

問題 3 では、問題用紙に何もいんさつされていません。この問題は、ぜんたいとしてどんなないようかを聞く問題です。話の前に質問はありません。まず話を聞いてください。それから、質問とせんたくしを聞いて、1 から 4 の中から、最もよいものを一つえらんでください。

ーメモー

問題 4

問題 4 では、えを見ながら質問を聞いてください。やじるし（➡）の人は何と言いますか。1 から 3 の中から、最もよいものを一つえらんでください。

1 ばん TRACK 4401

2 ばん TRACK 4402

3 ばん TRACK 4403

4 ばん TRACK 4404

問題(もんだい) 5

TRACK 4501~4509

問題(もんだい)5では、問題用紙(もんだいようし)に何(なに)もいんさつされていません。まず文(ぶん)を聞(き)いてください。それから、そのへんじを聞(き)いて、1から3の中(なか)から、最(もっと)もよいものを一(ひと)つえらんでください。

ーメモー

JLPT

급소공략 N3 청해

問題 1

問題1では、まず質問を聞いてください。それから話を聞いて、問題用紙の1から4の中から、最もよいものを一つえらんでください。

1ばん TRACK 5101

1 ア イ

2 ア ウ

3 ア エ

4 ア イ ウ

2ばん TRACK 5102

1 850円(えん)

2 950円(えん)

3 1000円(えん)

4 1050円(えん)

3ばん TRACK 5103

1 カレーを作(つく)る

2 手紙(てがみ)を書(か)く

3 お酒(さけ)を買(か)う

4 アルバイトに行(い)く

5
회

4ばん TRACK 5104

1 けんきゅうけいかくしょを書(か)く

2 だいがくいんにけんきゅうけいかくしょをていしゅつする

3 先輩(せんぱい)にけんきゅうけいかくしょの相談(そうだん)をする

4 先輩(せんぱい)にけんきゅうけいかくしょをメールで送(おく)る

5ばん TRACK 5105

1 めんせつを受(う)ける

2 じこしょうかいしょをていしゅつする

3 さんかひを払(はら)う

4 ほけんに入(はい)る

6ばん TRACK 5106

1 荷物(にもつ)を送(おく)りなおす

2 飛行機(ひこうき)の予約(よやく)をする

3 部長(ぶちょう)に電話(でんわ)をする

4 らいきゃくにお茶(ちゃ)を出(だ)す

問題 2

問題 2 では、まず質問を聞いてください。そのあと、問題用紙を見てください。読む時間があります。それから話を聞いて、問題用紙の 1 から 4 の中から、最もよいものを一つえらんでください。

1 ばん TRACK 5201

1 バス停に近いから
2 やちんが安いから
3 安全だから
4 静かだから

2 ばん TRACK 5202

1 スーツの方が着がえやすいから
2 着物で動くのに慣れてないから
3 着物は一人で着るのが大変だから
4 スーツの方が似合うから

3ばん TRACK 5203

1 がくひをかせぐため

2 こいびとを作るため

3 将来の仕事のため

4 旅行に行くため

4ばん TRACK 5204

1 明日雨が降るから

2 入院したから

3 アルバイトをするから

4 買い物に行くから

5 ばん TRACK 5205

1 ダイエットしているから

2 せつやくしているから

3 妻(つま)に怒(おこ)られたから

4 具合(ぐあい)が悪(わる)いから

6 ばん TRACK 5206

1 買(か)いたいでんしレンジが高(たか)かったから

2 ひっこしする人(ひと)にでんしレンジをもらったから

3 壊(こわ)れたでんしレンジがまた動(うご)いたから

4 気(き)に入(い)ったでんしレンジがなかったから

問題 3

TRACK 5301~5303

問題３では、問題用紙に何もいんさつされていません。この問題は、ぜんたいとしてどんなないようかを聞く問題です。話の前に質問はありません。まず話を聞いてください。それから、質問とせんたくしを聞いて、１から４の中から、最もよいものを一つえらんでください。

ーメモー

問題 4

問題4では、えを見ながら質問を聞いてください。やじるし（➡）の人は何と言いますか。1から3の中から、最もよいものを一つえらんでください。

1ばん TRACK 5401

2ばん TRACK 5402

3ばん TRACK 5403

4ばん TRACK 5404

問題(もんだい) 5

TRACK 5501~5509

問題(もんだい) 5では、問題用紙(もんだいようし)に何(なに)もいんさつされていません。まず文(ぶん)を聞(き)いてください。それから、そのへんじを聞(き)いて、1から3の中(なか)から、最(もっと)もよいものを一(ひと)つえらんでください。

ーメモー

JLPT 급소공략

N3 청해

정답과 스크립트

1회

문제 1	1.③	2.②	3.③	4.①	5.③	6.②			
문제 2	1.④	2.③	3.④	4.①	5.③	6.④			
문제 3	1.④	2.③	3.②						
문제 4	1.②	2.①	3.①	4.②					
문제 5	1.③	2.③	3.①	4.②	5.③	6.②	7.③	8.①	9.②

2회

문제 1	1.③	2.③	3.③	4.②	5.①	6.③			
문제 2	1.④	2.②	3.④	4.③	5.④	6.④			
문제 3	1.②	2.①	3.③						
문제 4	1.①	2.①	3.②	4.②					
문제 5	1.②	2.②	3.③	4.①	5.①	6.②	7.②	8.①	9.②

3회

문제 1	1.①	2.③	3.②	4.③	5.③	6.③			
문제 2	1.②	2.③	3.③	4.③	5.③	6.②			
문제 3	1.③	2.④	3.①						
문제 4	1.①	2.①	3.②	4.①					
문제 5	1.②	2.②	3.③	4.③	5.③	6.①	7.①	8.③	9.①

4회

문제 1	1.②	2.②	3.②	4.④	5.③	6.④			
문제 2	1.④	2.④	3.③	4.②	5.④	6.③			
문제 3	1.③	2.③	3.③						
문제 4	1.①	2.②	3.②	4.③					
문제 5	1.①	2.①	3.③	4.②	5.③	6.②	7.③	8.②	9.③

5회

문제 1	1.④	2.③	3.②	4.④	5.②	6.③			
문제 2	1.③	2.①	3.③	4.③	5.③	6.②			
문제 3	1.①	2.②	3.④						
문제 4	1.②	2.③	3.①	4.③					
문제 5	1.③	2.①	3.③	4.③	5.②	6.①	7.③	8.②	9.①

1회

問題1

1番

旅行会社のガイドさんが話しています。明日のスケジュールはどうなりますか。

女　明日は観光メインの二日目なので、朝早く出発いたします。まずは7月が一番きれいな時期であるラベンダーを見に行きます。紫色の畑を眺めながら、ラベンダーの香りに包まれると幸せになるでしょう。ラベンダー畑の見物が終わったら、お昼ごはんです。北海道といえばやっぱりかに。明日のランチは新鮮なかにが味わえる、かにしゃぶしゃぶです。その後は大自然の中で馬に乗ります。大自然に囲まれた静かな環境で馬に乗りながら心身ともにリラックスしましょう。それから北海道の人気観光スポットである小樽で、きれいな夜景を見ながらおいしいデザートを味わいましょう。

明日のスケジュールはどうなりますか。

1 ア　エ　イ　ウ
2 イ　エ　ア　ウ
3 ウ　エ　ア　イ
4 ウ　イ　ア　エ

문제1

1번

여행회사의 가이드가 이야기하고 있습니다. 내일 스케줄은 어떻게 됩니까?

여　내일은 관광 위주인 둘째 날이기 때문에 아침 일찍 출발하겠습니다. 우선 7월이 가장 예쁜 시기인 라벤더를 보러 갈 겁니다. 보라색 밭을 바라보면서 라벤더 향기에 둘러 쌓이면 행복해지겠죠. 라벤더 밭 구경이 끝나면 점심 식사입니다. 홋카이도라고 하면 역시 게! 내일 점심은 신선한 게를 맛볼 수 있는 게 샤브샤브입니다. 그 후에는 대자연 속에서 말을 타겠습니다. 대자연에 둘러 쌓인 조용한 환경에서 말을 타며 몸과 마음의 긴장을 풀어봅시다. 그러고 나서 홋카이도의 인기 관광지인 오타루에서 아름다운 야경을 보면서 맛있는 디저트를 맛봅시다.

내일 스케줄은 어떻게 됩니까?

1 승마 체험–점심–디저트 시식–라벤더 밭 구경
2 디저트 시식–점심–승마 체험–라벤더 밭 구경
3 라벤더 밭 구경–점심–승마 체험–디저트 시식
4 라벤더 밭 구경–디저트 시식–승마 체험–점심

スケジュール 스케줄, 일정 | 観光 관광 | メイン 메인, 위주 | 出発 출발 | 時期 시기 | ラベンダー 라벤더 | 紫色 보라색 | 畑 밭 | 眺める 바라보다 | 香り 향기 | 包む 감싸다, 둘러싸다 | 幸せ 행복 | 見物 구경 | 北海道 홋카이도〈지명〉 | かに 게 | ランチ 점심 | 新鮮だ 신선하다 | 味わう 맛보다 | しゃぶしゃぶ 샤브샤브 | 大自然 대자연 | 馬 말 | 囲む 둘러싸다 | 静かだ 조용하다 | 環境 환경 | 心身 심신, 몸과 마음 | ともに 동시에, 같이 | リラックス 긴장을 풀고 쉼 | 人気 인기 | 小樽 오타루〈지명〉 | 夜景 야경 | デザート 디저트, 후식

2番

女の人と男の人が話しています。男の人はこれから何をしますか。

女　最近地震とか大雨とか多くて怖いよね。うち

2번

여자와 남자가 이야기하고 있습니다. 남자는 앞으로 무엇을 합니까?

여　요즘 지진이나 호우가 많아서 무서워. 우리집 낡아

の家、古いからほんと心配だなあ。

男　いつ、どこで起きるか予想できないからなおさら不安になるんだよな。

女　そうね。何かあった時のために、安全な場所を調べておかないとね。

男　なるほど。俺はそこまでは考えてなかったな。

女　県や市などのウェブサイトを見ると、危ない場所や安全な場所とかが書いてある地図があるからそれを見ておくといいよ。

男　分かった。見ておくよ。

서 진짜 걱정돼.

남　언제, 어디서 일어날지 예상할 수 없으니까 더 불안하지.

여　맞아. 무슨 일이 있을 때를 대비해서 안전한 장소를 알아봐 둬야 해.

남　그렇군. 난 거기까지는 생각 못했네.

여　현이나 시의 웹사이트를 보면 위험한 장소나 안전한 장소 등이 표시되어 있는 지도가 있으니까 그걸 봐 두면 좋아.

남　알았어. 봐 둘게.

男の人はこれから何をしますか。

1 家の修理をする
2 ウェブサイトで地図をチェックする
3 ウェブサイトで地震のニュースを見る
4 安全なところに引っ越しをする

남자는 앞으로 무엇을 합니까?

1 집 수리를 한다
2 웹사이트에서 지도를 확인한다
3 웹사이트에서 지진 뉴스를 본다
4 안전한 곳으로 이사를 한다

地震 지진 | 大雨 큰비, 호우 | 予想 예상 | なおさら 더욱, 한층 더 | 不安 불안함 | 調べる 찾아보다, 알아보다 | なるほど 과연, 정말 | 県 현〈행정구역 단위〉 | 市 시 | ウェブサイト 웹사이트 | 修理 수리 | 引っ越し 이사

3番

会社で女の人と男の人が話しています。社員旅行はどこに行くことになりましたか。

男　今度の社員旅行、行くよね。

女　行くに決まっているじゃない。かに料理が一番楽しみ。

男　今回も福岡の温泉だったら、僕、行かないつもりだったよ。入社して4回目だからなぁ。

女　東京の箱根温泉に行こうって案も出たらしいけど、温泉にはみんなあきたみたいで、人気がなかったって。

男　それにしても意外だね。北海道なら予算も倍になるだろうしね。

女　来年は沖縄に行けるといいね。

社員旅行はどこに行くことになりましたか。

1 福岡
2 東京
3 北海道
4 沖縄

3번

회사에서 여자와 남자가 이야기하고 있습니다. 사원여행은 어디로 가게 되었습니까?

남　이번 사원여행, 가지?

여　당연히 가지. 게 요리가 가장 기대돼.

남　이번에도 후쿠오카 온천이었으면 난 안 갈 작정이었어. 입사하고 4번째니까.

여　도쿄의 하코네 온천에 가자는 제안도 나왔던 것 같은데 온천은 모두 질린 것 같아서 인기가 없었대.

남　그렇다 해도 의외다. 홋카이도면 예산도 배가 될 텐데 말이야.

여　내년에는 오키나와에 갈 수 있으면 좋겠다.

사원여행은 어디로 가게 되었습니까?

1 후쿠오카
2 도쿄
3 홋카이도
4 오키나와

社員 사원 | ～に決まっている ~하는게 당연하다 | かに 게 | 楽しみ 즐거움, 기대됨 | 福岡 후쿠오카〈지명〉 | 温泉 온천
つもり 속셈, 작정 | 入社 입사 | 箱根 하코네〈지명〉 | 案 안, 제안 | あきる 질리다 | 人気 인기 | それにしても 그렇다 해도
意外 의외 | 北海道 홋카이도〈지명〉 | 予算 예산 | 倍 배, 두 배 | 沖縄 오키나와〈지명〉

4番

ラジオで今週の運勢を話しています。今週の一番いい運勢は何ですか。

男　今週の乙女座の運勢をお知らせいたします。今週の乙女座は身も心も軽くなりそうです。あなたを悩ませていた問題がうそのように解決するでしょう。また、仕事を通じて自分の能力を認められる時期になるでしょう。それに給与が上がったり思いがけない収入があったりするかもしれません。くれぐれも計画的に使うようにしましょう。仕事が忙しくて疲れを感じるでしょうが、好きな物を食べてゆっくりとリラックスしたら、すぐすっきりするでしょう。そして、運命の人に出会う絶好のチャンスが今週訪れます。自分の理想のタイプの人にめぐりあえる可能性がかなり高いでしょう。これが今週の最もいい運勢なので、余裕を持って新たな出会いを待ちましょう。

今週の一番いい運勢は何ですか。

1 恋愛運
2 金運
3 仕事運
4 健康運

4번

라디오에서 이번 주 운세를 말하고 있습니다. 이번 주에 가장 좋은 운세는 무엇입니까?

남　이번 주 처녀자리의 운세를 알려드리겠습니다. 이번 주 처녀자리는 몸도 마음도 가벼워질 듯 합니다. 당신을 고민하게 만들었던 문제가 거짓말처럼 해결될 것입니다. 또한 일을 통해 자신의 능력을 인정받을 수 있는 시기가 되겠네요. 게다가 급여가 오르거나 뜻밖의 수입이 있거나 할지도 모릅니다. 아무쪼록 계획적으로 사용하도록 합시다. 일이 바빠서 피로를 느끼겠지만 좋아하는 음식을 먹으며 느긋하게 휴식을 취한다면 금방 말끔해지겠죠. 그리고 운명의 상대를 만나는 절호의 찬스가 이번 주 찾아옵니다. 자신의 이상형인 사람과 만날 수 있는 가능성이 상당히 높습니다. 이것이 이번 주 가장 좋은 운세이므로 여유를 가지고 새로운 만남을 기다립시다.

이번 주에 가장 좋은 운세는 무엇입니까?

1 연애운
2 금전운
3 업무운
4 건강운

運勢 운세 | 乙女座 처녀자리 | お知らせ 알림, 안내 | 身 몸, 신체 | 悩む 고민하다 | うそのように 거짓말처럼 | 解決 해결
～を通じて ~을 통해 | 能力 능력 | 認める 인정하다 | 時期 시기 | 給与 급여 | 思いがけない 뜻밖이다, 의외이다 | 収入 수입
くれぐれも 부디, 아무쪼록 | 計画的 계획적 | 疲れ 피로 | 感じる 느끼다 | リラックス 긴장을 풀고 쉼 | すっきり 상쾌함, 말끔함
運命 운명 | 出会う 만나다, 마주치다 | 絶好 절호 | チャンス 기회 | 理想 이상 | めぐりあう 우연히 만나다 | 可能性 가능성
かなり 꽤, 상당히 | 最も 가장 | 余裕 여유 | 新ただ 새롭다 | 出会い 만남 | 恋愛運 연애운 | 金運 금전운 | 仕事運 업무운
健康運 건강운

5番

スポーツ選手とインタビューをしています。この選手が最も感謝を伝えたいのは誰ですか。

女　高井キャプテン、優勝おめでとうございます。

男　ありがとうございます。

女　今日の決勝戦、かなり大変だったんですが、試合中はどんな気持ちでしたか。

男　去年、自分のミスで負けて悔しかったので、とにかく優勝するっていう強い気持ちだけを持っていました。

女　優勝の瞬間はどんなお気持ちでしたか。

男　まずは、嬉しかったですね。それから、自分をもう一度信じてくださった山田監督を始め、いつも応援してくれるファンのみなさんと家族に感謝したいです。何より自分をキャプテンとして受け入れてくれたおかげでここに立っているので、周りの選手たちには本当に感謝したいです。

この選手が最も感謝を伝えたいのは誰ですか。

1 チームの監督
2 応援してくれたファンのみなさん
3 周りの選手
4 チームのキャプテン

5번

스포츠 선수와 인터뷰를 하고 있습니다. 이 선수가 가장 감사를 전하고 싶은 것은 누구입니까?

여　다카이 주장님, 우승 축하 드립니다.

남　감사합니다.

여　오늘 결승전, 상당히 힘들었는데요, 시합 중에는 어떤 기분이셨나요?

남　작년에 제 실수로 져서 정말 아쉬웠기 때문에 어떻게든 우승하겠다는 강한 의지만 갖고 있었습니다.

여　우승이 결정된 순간에는 어떤 기분이셨나요?

남　우선은 기뻤죠. 그리고 저를 한 번 더 믿어주신 야마다 감독님을 비롯해 언제나 응원해 주는 팬 여러분들과 가족에게 감사 드리고 싶습니다. 무엇보다 저를 주장으로 받아들여준 덕분에 이 자리에 서 있는 것이니까, 다른 선수들에게도 정말 감사 드리고 싶습니다.

이 선수가 가장 감사를 전하고 싶은 것은 누구입니까?

1 팀의 감독님
2 응원해 준 팬 여러분
3 주변 선수
4 팀의 주장

選手 선수 | インタビュー 인터뷰 | 最も 가장 | 感謝 감사 | 伝える 전하다 | キャプテン 주장 | 優勝 우승 | 決勝戦 결승전 | かなり 꽤, 상당히 | 試合 시합 | ミス 실수 | 負ける 지다, 패배하다 | 悔しい 아쉽다 | とにかく 어쨌든, 어떻게든 | 瞬間 순간 | 嬉しい 기쁘다 | 信じる 믿다 | ～てくださる (윗사람이) ~해 주시다 | 監督 감독(님) | ～を始め ~을 비롯해 | 応援 응원 | ～てくれる (남이) ~해 주다 | 何より 무엇보다 | ファン 팬 | 受け入れる 받아들이다

6番

文化センターで受付の人と女の人が話しています。女の人はどの授業を受けますか。

女　あの、月水金のこの時間にどの授業が受けられますか。

男　午前10時から授業が受けられますか。

女　はい。

男　10時からだと、韓国語教室と茶道とエアロビックがあるんですね。バレエもエアロビックと同じ時間にありますよ。

6번

문화센터 접수처 사람과 여자가 이야기하고 있습니다. 여자는 어느 수업을 듣습니까?

여　저기, 월수금 이 시간에 어떤 수업을 들을 수 있나요?

남　오전 10시부터 수업 들으실 수 있으세요?

여　네.

남　10시부터라면 한국어 교실과 다도와 에어로빅이 있네요. 발레도 에어로빅과 같은 시간에 있어요.

여　책상에 앉아서 뭔가 하는 걸 싫어하니까 이쪽이 좋

女　机に座って何かしたりするのが嫌いなので、こっちの方がいいですね。

男　エアロビックはレベルに関係なく受けられますが、バレエはレベルの確認の上、参加できます。

女　そうなんですか。初心者コースもありますか。

男　今月は中級と上級のクラスしかありません。来月からまた初級クラスが始まります。

女　そうですか。じゃ、今月はこの授業を受けるしかありませんね。

女の人はどの授業を受けますか。

1 韓国語教室
2 エアロビック
3 バレエ
4 茶道

겠네요.

남　에어로빅은 수준에 상관없이 들을 수 있는데 발레는 수준 확인 후에 참가할 수 있어요.

여　그래요? 초보자용 코스도 있나요?

남　이번 달은 중급반과 상급반 밖에 없어요. 다음 달부터 다시 초급반이 시작되요.

여　그래요? 그럼 이번 달은 이 수업을 들을 수 밖에 없겠네요.

여자는 어느 수업을 듣습니까?

1 한국어 교실
2 에어로빅
3 발레
4 다도

センター 센터 | 受付 접수 | 韓国語 한국어 | 茶道 다도 | エアロビック 에어로빅 | バレエ 발레 | レベル 레벨, 수준 | 確認 확인 | ～の上 ～한 후, ～한 다음 | 参加 참가 | 初心者 조심자, 초보자 | コース 코스 | 中級 중급 | 上級 상급 | ～しか ～밖에 | 初級 초급

問題2

1番

お母さんと娘が話しています。娘はどうして元気がありませんか。

女1　ただいま。

女2　お帰り。あら、真理子、どうしたの？ 元気なさそうだけど、もしかして成績落ちた？ 今日、期末テストの結果が出たよね。

女1　うん。今日出たよ。成績は上がったんだけど…。

女2　じゃ、どうして元気がないの？ 友達とけんかでもしたの？

女1　そうじゃなくて、同じクラスに好きな子がいるって言ったでしょう？ その子が今日奈々ちゃんに告白するのを見たの。来週、修学旅行に行って私の気持ちをちゃんと伝えようと思ったのに…。

문제2

1번

엄마와 딸이 이야기하고 있습니다. 딸은 왜 기운이 없습니까?

여1　다녀왔습니다.

여2　어서 와. 어머, 마리코, 왜 그러니? 기운 없어 보이는데 혹시 성적 떨어졌어? 오늘 기말시험 결과 나왔지?

여1　응, 오늘 나왔어. 성격은 올랐는데….

여2　그럼, 왜 기운이 없는 거야? 친구랑 싸우기라도 했어?

여1　그게 아니고, 같은 반에 좋아하는 애가 있다고 했었잖아. 그 애가 오늘 나나한테 고백하는 걸 봤어. 다음 주에 수학여행 가서 내 마음을 제대로 전하려고 했는데….

娘はどうして元気がありませんか。

1 修学旅行に行きたくないから
2 好きじゃない人から告白されたから
3 友達とけんかしたから
4 好きな人に好きな人がいるから

딸은 왜 기운이 없습니까?

1 수학여행에 가고 싶지 않아서
2 좋아하지 않는 사람한테 고백 받아서
3 친구랑 싸워서
4 좋아하는 사람에게 좋아하는 사람이 있어서

成績 성적 | 落ちる 떨어지다 | 期末 기말 | 結果 결과 | 告白 고백 | 修学旅行 수학여행 | ちゃんと 확실히, 제대로 | 伝える 전하다

2番

会社で女の人と男の人が話しています。男の人はどうして人事部に移りますか。

女　山田さん、聞きましたよ。人事部に移るんだって。やっぱり営業部は向いていないんですかね。

男　性に合わないっていうより俺の努力不足でしょう。頑張っても結果がよくないし、上司からあれこれ言われるし、ストレスがどんどんたまって病気になりそうだったから、部長に異動願いを出しました。

女　そうだったんだ。山田さんって大学の専攻、心理学でしたよね。人事部の方が似合うかも。

男　役に立てるかどうかは分からないんですけど、新しい気持ちで頑張ろうと思います。

男の人はどうして人事部に移りますか。

1 大学の専攻が役立てる部署に移りたいから
2 営業部は向いていないから
3 実績や上司からのプレッシャーがストレスになったから
4 病気になって営業の仕事ができなくなったから

2번

회사에서 여자와 남자가 이야기하고 있습니다. 남자는 왜 인사부로 옮깁니까?

여　야마다 씨, 들었어요. 인사부로 옮긴다면서요. 역시 영업부는 맞지 않은 걸까요?

남　적성에 안 맞는다기보다는 제 노력 부족이죠. 열심히 해도 결과가 좋지 않고, 상사한테 여러 가지로 말을 듣고 해서 스트레스가 점점 쌓여서 병이 날 것 같아서 부장님에게 이동신청서를 냈어요.

여　그랬구나. 야마다 씨 대학 전공 심리학이었죠? 인사부 쪽이 어울릴지도 모르겠네요.

남　도움이 될지 어떨지는 모르겠지만 새로운 마음으로 열심히 할 생각입니다.

남자는 왜 인사부로 옮깁니까?

1 대학 전공이 도움이 되는 부서로 이동하고 싶어서
2 영업부는 적성에 맞지 않아서
3 실적이나 상사로부터의 압박이 스트레스가 되어서
4 병이 나서 영업 일을 할 수 없게 되어서

人事部 인사부 | 移る 옮기다 | 営業部 영업부 | 向く 어울리다, 알맞다 | 性に合う 적성에 맞다 | 努力 노력 | ~不足 ~부족
結果 결과 | 上司 상사 | あれこれ 여러 가지로, 이것저것 | ストレス 스트레스 | どんどん 자꾸, 점점 | たまる 쌓이다 | 異動 이동
~願い ~원, ~원서 | 専攻 전공 | 心理学 심리학 | 部署 부서 | 実績 실적 | プレッシャ 압박

3番

会社で女の人と男の人が話しています。男の人はどうして遅刻しましたか。

女　あら、田中さんが遅刻なんて、珍しいね。
男　朝から色々あったんだよ。
女　事故でもあったの？ けがはなさそうだけど…。
男　前の車にぶつかりそうだったけど、幸いにも事故にはならなかったんだ。
女　えっ、もしかして居眠り運転したの？
男　違うよ。今日新製品のプレゼンのことで緊張したせいか、朝からお腹が痛くてね。トイレに行きたいのに、道は込んでいるし、近くにトイレはないし。結局我慢できなくて家に戻ったんだ。
女　それで遅れたのね。
男　いや、いつもより早めに家を出たから、そこまでは全然余裕だったけど、今度はプレゼンするUSBを忘れたのに気付いて、また家に取りに戻ってね。
女　朝から大変だったね。

男の人はどうして遅刻しましたか。

1 事故があったから
2 普段より遅く家を出たから
3 お腹が痛くてトイレから出られなかったから
4 忘れ物を取りに家に戻ったから

3번

회사에서 여자와 남자가 이야기하고 있습니다. 남자는 왜 지각했습니까?

여　어머, 다나카 씨가 지각이라니 드문 일이네.
남　아침부터 여러 일이 있었어.
여　사고라도 났어? 다친 곳은 없어 보이는데.
남　앞차와 부딪힐 뻔 했지만 다행히도 사고는 안 났어.
여　뭐? 혹시 졸음운전했어?
남　아니야. 오늘 신제품 발표 때문에 긴장한 탓인지 아침부터 배가 아파서 말이야. 화장실에 가고 싶은데 길은 막히고 근처에 화장실도 없고, 결국 참을 수 없어서 집에 돌아갔어.
여　그래서 늦었구나.
남　아니, 평소보다 일찌감치 집을 나와서 거기까지는 아주 여유로웠는데 이번엔 발표할 USB를 깜박하고 온 걸 알아차려서 또 집에 가지러 돌아갔지.
여　아침부터 고생했네.

남자는 왜 지각했습니까?

1 사고가 나서
2 평소보다 늦게 집을 나와서
3 배가 아파서 화장실에서 나올 수 없어서
4 두고 온 물건을 가지러 집에 돌아가서

遅刻 지각 | 珍しい 드물다 | 事故 사고 | けが 상처, 부상 | ぶつかる 부딪히다 | 幸いにも 다행히 | 居眠り運転 졸음운전
新製品 신제품 | プレゼン 프레젠테이션, 발표 | 緊張 긴장 | 結局 결국 | 我慢 참음 | 戻る 돌아가다 | 遅れる 늦다
早めに 빨리, 일찌감치 | 全然 아주, 전혀 | 余裕 여유 | USB USB, 이동식 저장 장치 | 気付く 깨닫다, 알아차리다 | 普段 평소
忘れ物 물건을 두고 옴

4番

女の人と男の人が話しています。女の人がカナダに引越す一番の理由は何ですか。

男　カナダに送る荷物はこれが全部？
女　まあ、とりあえずね。あとは向こうに行って買えばいいし。
男　寂しくなるね。田村さんとやっと親しくなっ

4번

여자와 남자가 이야기하고 있습니다. 여자가 캐나다로 이사하는 가장 큰 이유는 무엇입니까?

남　캐나다에 보낼 짐은 이게 전부야?
여　뭐, 일단은. 나머지는 거기 가서 사면 되니까.
남　쓸쓸해지겠다. 다무라 씨랑 드디어 친해졌다고 생각했는데 갑자기 캐나다에 간다니. 아이를 위해서

たって思ったのに、急にカナダに行くなんて。子供のためなら仕方ないか。

女　教育問題なら別に日本にいてもいいんだけど、夫一人で行かせるのも色々心配だし。まあ、結局私のためだけどね。

男　勉強、続けるんだって？ある意味、すごいよね。

女　ええ、ずっと勉強してみたいと思っている分野があったけど、向こうにちょうどいい学校があってね。

女の人がカナダに引越す一番の理由は何ですか。

1 自分の勉強を続けるために
2 子供をカナダの大学に入学させるために
3 夫が心配だから
4 日本は教育によくない環境だから

라면 어쩔 수 없는 건가?

여　교육 문제라면 일본에 있어도 되는데, 남편 혼자 보내는 것도 여러 가지로 걱정이고. 뭐, 결국 나 때문이긴 하지만.

남　공부 계속한다며? 어떤 의미에서는 대단해.

여　응, 쭉 공부해보고 싶은 분야가 있었는데, 그쪽에 딱 좋은 학교가 있어서.

여자가 캐나다로 이사하는 가장 큰 이유는 무엇입니까?

1 자신의 공부를 계속하기 위해서
2 아이를 캐나다 대학에 입학시키기 위해서
3 남편이 걱정되어서
4 일본은 교육에 좋지 않은 환경이어서

カナダ 캐나다 | 引越す 이사하다 | 理由 이유 | 送る 보내다 | 荷物 짐 | 全部 전부 | とりあえず 일단, 우선 | やっと 겨우, 간신히 | 急に 갑자기 | ～なら ～라면 | 仕方ない 어쩔 수 없다 | 教育 교육 | 別に 별로, 특별히 | 夫 남편 | 心配 걱정 | 結局 결국 | ある 어떤, 어느 | 分野 분야 | ちょうど 마침, 딱 | 環境 환경

5番

女の人と男の人が話しています。男の人はどうして家を買うことにしましたか。

女　佐藤さん、今度家を買ったんだって？ すごいよね。３０代で家が買えるなんて。

男　３０００万円銀行から借りて買ったんだから、俺ん家じゃなくて銀行のものって感じかな。

女　３０００万円も？ 生活きつくなるね。

男　そうね。しばらく、いや一生余裕のない生活になるかも。

女　そこまでして購入したいほどいいマンションだったの？

男　まあ、毎月の家賃を計算してみたら、購入した方がちょっと得だったし、一人暮らしだった時は別に気にもしなかったけど、子供ができたら、急にマイホームがほしくなっちゃってさ。しかし自然豊かな場所で育てたかったけど、この辺りじゃそんなところないもんね。

5번

여자와 남자가 이야기하고 있습니다. 남자는 왜 집을 사기로 했습니까?

여　사토 씨, 이번에 집 샀다면서? 굉장한데. 30대에 집을 살 수 있다니.

남　3000만 엔 은행에서 빌려서 산 거니까 내 집이 아니고 은행 거라는 느낌이랄까.

여　3000만 엔이나? 생활이 빡빡해지겠네.

남　맞아. 당분간, 아니 평생 여유 없는 생활이 될지도 몰라.

여　그렇게까지 해서 사고 싶을 정도로 좋은 아파트였어?

남　뭐, 매달 나가는 집세를 계산해보니 구입하는 편이 조금 이득이었고, 혼자 살았을 때는 딱히 신경도 안 썼는데 아이가 생기니까 갑자기 내 집이 갖고 싶어지더라고. 하지만 자연이 풍부한 곳에서 키우고 싶었는데, 이 근처에는 그런 곳이 없잖아.

男の人はどうして家を買うことにしましたか。

1 自然豊かで子供を育てるのにいい場所だから
2 ずっとマイホームにあこがれがあったから
3 毎月家賃を払うより得だから
4 転勤することになったから

남자는 왜 집을 사기로 했습니까?

1 자연이 풍부해서 아이를 기르기 좋은 장소여서
2 계속 내 집 마련을 꿈꿔와서
3 매달 집세를 내는 것보다 이득이어서
4 전근 가게 되어서

俺ん家(俺の家) 내 집 | 感じ 느낌 | 生活 생활 | きつい 빡빡하다, 힘들다 | しばらく 당분간 | 一生 일생, 평생 | 余裕 여유
購入 구입 | マンション 고급 아파트 | 毎月 매달 | 家賃 집세 | 計算 계산 | 得 득, 이득 | 一人暮らし 혼자 삶 | 別に 별로, 특별히
気にする 신경 쓰다 | マイホーム 내 집 | 自然 자연 | 豊かだ 풍부하다, 풍요롭다 | 育てる 키우다 | 辺り 근처
～もんね(ものね) ~이잖아, ~하잖아 | あこがれ 동경, 꿈 | ～より ~보다 | 転勤 전근

6番

パン屋で店員と男の人が話しています。男の人はどうして今ケーキを買いませんか。

男 すみません、誕生日ケーキを予約したいんですが、このいちごケーキで大きいサイズはありませんか。
女 あります。サイズはＳ、Ｍ、Ｌ、と三つありますが、どのサイズになさいますか。
男 一番大きいのでお願いします。それから、ケーキにメッセージを入れたいんですが、できますか。
女 はい、２０文字以内ならできます。
男 じゃ、「ともこ、お誕生日おめでとう」って入れてください。
女 はい、かしこまりました。
男 あ、それから普通の生クリームじゃなくてチョコクリームに替えられますか。
女 そしたら５００円プラスになりますが、よろしいですか。
男 はい、それはかまいません。誕生日が明後日なのでそれまでにお願いできますか。
女 申し訳ございません。現在クリスマスシーズンなので、明後日まではちょっと難しいです。
男 そうですか。困ったな。ちょっと考えてまた来ます。

男の人はどうして今ケーキを買いませんか。

1 小さいサイズしかないから
2 ケーキにメッセージが書けないから

6번

빵집에서 점원과 남자가 이야기하고 있습니다. 남자는 왜 지금 케이크를 사지 않습니까?

남 저기, 생일 케이크를 예약하고 싶은데, 이 딸기 케이크로 큰 사이즈는 없나요?
여 있어요. 사이즈는 S, M, L, 이렇게 3가지 있는데 어느 사이즈로 하시겠어요?
남 가장 큰 걸로 주세요. 그리고 케이크에 메시지를 넣고 싶은데 가능한가요?
여 네, 20자 이내라면 가능합니다.
남 그럼, "토모코 생일 축하해"라고 넣어주세요.
여 네, 알겠습니다.
남 아, 그리고 보통 생크림이 아니라 초코 크림으로 바꿀 수 있나요?
여 그렇게 하면 500엔이 추가되는데 괜찮으신가요?
남 네, 그건 상관없어요. 생일이 모레라서 그때까지 부탁 드려도 될까요?
여 죄송합니다. 현재 크리스마스 시즌이라서 모레까지는 좀 힘들어요.
남 그래요? 곤란한데…. 좀 생각해보고 다시 올게요.

남자는 왜 지금 케이크를 사지 않습니까?

1 크기가 작은 것 밖에 없어서
2 케이크에 메시지를 넣을 수 없어서
3 초코 크림으로 바꿀 수 없어서
4 생일 날짜에 맞출 수 없어서

3 チョコクリームに替えられないから
4 誕生日に間に合わないから

店員 점원 | 予約 예약 | メッセージ 메시지 | 文字 글자, 문자 | 以内 이내 | ～なら ～라면 | 普通 보통, 일반 | 生クリーム 생크림
チョコ 초코, 초콜릿 | 替える 바꾸다 | プラス 더하기, 추가 | かまわない 상관없다 | 現在 현재, 지금 | シーズン 시즌, 시기
～しか ～밖에 | 間に合う (시간에) 맞추다

問題3

1番

一日一食について医者が話しています。

女　最近一日に一食しか取らない健康法が話題になっていますね。それに伴って栄養面や健康に本当にいいのかとよく質問されますが、結論から言いますと、確かに効果があるのです。人類がお腹いっぱい食べられるようになったのは最近のことで、現在は食べすぎで病気になる人が増えています。人間は危ない状況になると、かえって力が強くなるものです。だから、何も食べないで胃を休めることが大切です。しかし、誰にでも効果があるわけではありません。子供や病人はちゃんと一日三食取ることを勧めます。それ以外の方なら、まず朝食を抜いて二食にし、少し慣れてから一食に減らすのがいいでしょう。

この人は一日一食についてどう考えていますか。

1 誰にでも簡単にできる健康法である
2 栄養不足になるから効果がない
3 太りやすい子供に効果がある
4 子供や病気の人以外には一日三食より健康にいい

문제3

1번

1일 1식에 대해서 의사가 이야기하고 있습니다.

여　최근 하루에 한 끼밖에 먹지 않는 건강법이 화제가 되고 있죠. 그에 따라 영양면이나 건강에 정말 좋은지 자주 질문을 받습니다만, 결론부터 얘기하면 확실히 효과가 있습니다. 인류가 배불리 먹을 수 있게 된 것은 최근의 일로, 현재는 과식으로 인해 병에 걸리는 사람이 늘고 있습니다. 인간은 위험한 상황이 되면 오히려 힘이 강해지는 법입니다. 그래서 아무것도 먹지 않고 위를 쉬게 해주는 것이 중요합니다. 하지만 누구에게나 효과가 있는 것은 아닙니다. 아이나 아픈 사람은 제대로 하루에 세 끼 먹는 것을 추천합니다. 그 이외의 분들이라면 우선 아침을 거르고 두 끼로 했다가 조금 익숙해지고 나서 한 끼로 줄이는 것이 좋겠죠.

이 사람은 1일 1식에 대해서 어떻게 생각하고 있습니까?

1 누구나 간단하게 할 수 있는 건강법이다
2 영양이 부족해지니까 효과가 없다
3 살이 잘 찌는 아이에게 효과가 있다
4 아이나 아픈 사람 이외에는 1일 3식보다 건강에 좋다

一食 1식, 한 끼 | ～について ～에 대해 | ～しか ～밖에 | 健康法 건강법 | 話題になる 화제가 되다 | ～に伴って ～에 따라
栄養面 영양면 | 健康 건강 | 結論 결론 | 確かに 확실히, 분명히 | 効果 효과 | 人類 인류 | 現在 현재, 지금 | 食べすぎ 과식
増える 늘다 | 人間 인간 | 状況 상황 | かえって 오히려, 도리어 | 胃 위 | 休める 쉬게 하다 | 病人 환자 | ちゃんと 제대로, 충분히
三食 3식, 세 끼 | 勧める 추천하다 | ～なら ～라면 | 朝食 조식, 아침밥 | 抜く 빼다, 거르다 | 二食 2식, 두 끼 | 減らす 줄이다
栄養 영양 | ～不足 ～부족 | 太る 살 찌다 | ～やすい ～하기 쉽다

2番

テレビでアナウンサーが話しています。

男　暑い夏でも寒い冬でも、道でコーヒーを持っている人をよく見かけますね。みなさんはどんな時にコーヒーを飲みますか。眠い時、仕事や勉強に集中したい時、疲れをとりたい時など、理由は色々あると思います。そんないろんな効果があるコーヒーですが、飲む量と時間には十分気を付けなければなりません。人によって違いますが、不眠症になりやすいので、寝る６時間前に飲んだ方がいいです。また、カフェインは体の水分をとるため、コーヒーを飲んだ後は十分水を飲んでください。

アナウンサーは主に何について話していますか。

1 コーヒーの種類
2 コーヒーの由来
3 コーヒーの飲み方
4 コーヒーの入れ方

2번

텔레비전에서 아나운서가 이야기하고 있습니다.

남　더운 여름이든 추운 겨울이든 길에서 커피를 들고 있는 사람을 자주 보게 되죠. 여러분은 어떤 때에 커피를 마시나요? 졸릴 때, 일이나 공부에 집중하고 싶을 때, 피로를 풀고 싶을 때 등, 이유는 여러 가지가 있겠죠. 그런 다양한 효과가 있는 커피입니다만, 마시는 양과 시간에는 충분히 주의를 해야 합니다. 사람에 따라 다르지만 불면증에 걸리기 쉬워서 잠들기 6시간 전에 마시는 편이 좋습니다. 또한 카페인은 몸의 수분을 빼앗아가기 때문에 커피를 마신 후에는 물을 충분히 마셔 주세요.

아나운서는 주로 무엇에 대해서 이야기하고 있습니까?

1 커피의 종류
2 커피의 유래
3 커피 마시는 방법
4 커피 끓이는 방법

アナウンサー 아나운서 | 眠い 졸리다 | 集中 집중 | 疲れをとる 피로를 풀다 | 理由 이유 | 効果 효과 | 量 양 | 十分 충분히 | 気を付ける 주의하다, 조심하다 | ～によって ~에 따라, ~마다 | 不眠症 불면증 | カフェイン 카페인 | 水分 수분 | とる 빼앗다 | ～ため ~하기 때문에 | 主に 주로 | ～について ~에 대해 | 種類 종류 | 由来 유래 | 飲み方 마시는 법 | 入れ方 끓이는 법, 타는 법

3番

ニュースでアナウンサーが話しています。

女　昨日の午後４時頃、東京の池袋の交差点で自転車に乗って横断歩道を渡っていた７歳の男の子が８０代の男性が運転する車にぶつかり、死亡しました。車を運転していた男性は事故を起こしたことを認めているほか、「ブレーキを踏んだのに、きかなかった」と話しています。警察の調べによると、飲酒や薬の服用は確認されていないとのことですが、車の問題も全くないとのことです。さらに隣に座っていた奥さんとの会話を確認したところ、ブレーキとアクセルの踏み間違いによる事故だと見ています。

3번

뉴스에서 아나운서가 이야기하고 있습니다.

여　어제 오후 4시경, 도쿄 이케부쿠로 교차로에서 자전거를 타고 횡단보도를 건너고 있던 7살 남자아이가 80대 남성이 운전하는 차에 부딪혀 사망했습니다. 차를 운전한 남성은 사고를 낸 사실을 인정하고 있는 한편, '브레이크를 밟았는데 듣지 않았다'라고 말하고 있습니다. 경찰의 조사에 의하면 음주나 약물 복용은 확인되지 않았다고 하지만 차량 문제도 전혀 없다고 합니다. 더욱이 옆 자리에 앉아 있던 부인과의 대화를 확인해봤더니 브레이크와 액셀을 잘못 밟은 것에 의한 사고라고 보고 있습니다.

アナウンサーは事故の原因は何だと言っていますか。

1 ブレーキの故障
2 ペダルの踏み間違い
3 飲酒運転
4 信号の見間違い

아나운서는 사고의 원인은 무엇이라고 말하고 있습니까?

1 브레이크 고장
2 페달을 잘못 밟음
3 음주운전
4 신호를 잘못 봄

池袋 이케부쿠로〈지명〉| 交差点 교차로 | 横断歩道 횡단보도 | 渡る 건너다 | ぶつかる 부딪치다 | 死亡 사망 | 事故 사고 | 起こす 일으키다 | 認める 인정하다, 인지하다 | ～ほか ～하는 한편 | ブレーキ 브레이크, 감속 장치 | きく 작동하다, 잘 움직이다 | 警察 경찰 | 調べ 조사 | ～によると ～에 의하면, ～에 따르면 | 飲酒 음주 | 服用 복용 | 確認 확인 | 全く 전혀 | さらに 게다가 | アクセル 액셀, 가속 장치 | 踏み間違い 잘못 밟음 | ～による ～로 인한 | 原因 원인 | 故障 고장 | 信号 신호 | 見間違い 잘못 봄

問題4

문제4

1番

隣の人にペンを借りたいです。何と言いますか。

女 1 すみません、そのペン、どこで借りられますか。
2 すみません、そのペン、ちょっと貸してもらえませんか。
3 すみません、そのペン、ちょっと取っていただけませんか。

1번

옆 사람에게 펜을 빌리고 싶습니다. 뭐라고 말합니까?

여 1 저기요, 그 펜 어디서 빌릴 수 있어요?
2 저기요, 그 펜 좀 빌려주실 수 없을까요?
3 저기요, 그 펜 좀 집어주시면 안될까요?

借りる 빌리다 | 貸す 빌려주다 | ～てもらう (남이) ～해 주다 | 取る 집다 | ～ていただく (남이) ～해 주시다

2番

映画館で自分の席に他の人が座っています。何と言いますか。

男 1 すみません、そこの席、私だと思うんですけど…。
2 すみません、そこの席、誰のですか。
3 すみません、そこの席と替えてもらえますか。

2번

영화관에서 자신의 자리에 다른 사람이 앉아 있습니다. 뭐라고 말합니까?

남 1 저기, 그 자리 제 자리 같은데….
2 저기, 그 자리 누구 것인가요?
3 저기, 그 자리랑 바꿔주시면 안될까요?

自分 자신, 나 | 席 자리, 좌석 | 替える 바꾸다 | ～てもらう (남이) ～해 주다

3番

学校から帰った子供が嫌そうな顔をしています。何と言いますか。

女　1　どうしたの？ 先生に怒られた？
　　2　どうしたの？ 先生にほめられた？
　　3　どうしたの？ にこにこして。

3번

학교에서 돌아온 아이가 짜증난 듯한 얼굴을 하고 있습니다. 뭐라고 말합니까?

여　1　무슨 일이니? 선생님한테 혼났어?
　　2　무슨 일이니? 선생님한테 칭찬받았어?
　　3　무슨 일이니? 싱글벙글하고.

嫌だ 불쾌하다, 짜증나다 | 怒る 꾸짖다, 혼내다 | ほめる 칭찬하다 | にこにこ 싱글벙글

4番

財布を無くして近くの交番に行きました。何と言いますか。

男　1　あの、財布を見せてください。
　　2　あの、財布を落としちゃって届けにきたんですが…。
　　3　あの、財布を見ませんでしたか。

4번

지갑을 잃어버려서 근처 파출소에 갔습니다. 뭐라고 말합니까?

남　1　저기, 지갑을 보여주세요.
　　2　저기, 지갑을 잃어버려서 신고하러 왔는데요….
　　3　저기, 지갑 못 보셨어요?

無くす 잃어버리다 | 交番 파출소 | 落とす 떨어뜨리다, 잃어버리다 | 届ける 신고하다

問題5

1番

女　田中さんって、いつも冷静でクールなのね。
男　1　僕、そんなに真面目なイメージですか。
　　2　僕、暑いのが苦手ですから。
　　3　感情的にならないようにいつも心がけてるからです。

문제5

1번

여　다나카 씨는 언제나 냉정하고 침착해.
남　1　제가 그렇게 성실한 이미지인가요?
　　2　전 더위에 약해서요.
　　3　감정적이게 되지 않도록 늘 유념하고 있거든요.

冷静だ 냉정하다 | クールだ 침착하다 | イメージ 이미지, 인상 | 感情的 감정적 | 心がける 주의하다, 유념하다

2番

男　この漢字、何て読むの？
女　1　何で読みたい？
　　2　先生が読むって。
　　3　「ゆううつ」って読むの。

2번

남　이 한자, 뭐라고 읽어?
여　1　왜 읽고 싶어?
　　2　선생님이 읽는대.
　　3　"ゆううつ"라고 읽어.

何て 뭐라고 | 何で 왜, 어째서 | ゆううつ 우울함

3番

男　消しゴム、持ってる？

女　1 うん、貸してやろうか。

2 うん、貸したい？

3 持つつもりだよ。

3번

남　지우개 갖고 있어?

여　1 응, 빌려 줄까?

2 응, 빌려주고 싶어?

3 가지고 있으려고.

貸す 빌려주다 | ～てやる ~해 주다 | つもり 속셈, 작정

4番

女　今日はどうされましたか。

男　1 何かされそうだったのに…。

2 ちょっとのどが痛くて…。

3 花見に行くんです。

4번

여　오늘은 어쩐 일이세요?

남　1 뭔가 당할 것 같았는데….

2 목이 좀 아파서….

3 꽃구경하러 가요.

どうされましたか 무슨 일이세요?, 어떻게 오셨어요? | される 당하다 | のど 목 | 花見 꽃구경

5番

男　今年こそ日本語をマスターする。

女　1 若いマスターになるね。

2 そんなに早くマスターになれる？

3 一年でマスターできるかな。

5번

남　올해야말로 일본어를 마스터 할거야!

여　1 젊은 마스터가 되겠네.

2 그렇게 빨리 마스터가 될 수 있어?

3 일 년 안에 마스터할 수 있으려나.

マスターする 습득하다, 숙달하다 | 若い 젊다 | マスター 달인, 대가

6番

女　なんか焦げたにおいしない？

男　1 うん、変な音がしたね。

2 うん、外で何か燃やしてるみたい。

3 うん、食欲湧くね。

6번

여　뭔가 탄 냄새 안 나?

남　1 응, 이상한 소리가 났지?

2 응, 밖에서 뭔가 태우고 있는 것 같아.

3 응, 식욕 돋는다.

焦げる 타다 | においがする 냄새가 나다 | 燃やす 태우다 | 食欲 식욕 | 湧く 솟다, 생기다

7番

女　つまらないものなんですけど、どうぞ、お受け取りください。

男　1 引き受けたからにはがんばります。

2 つまらないものはちょっと…。

3 お心遣い、ありがとうございます。

7번

여　대단한 것은 아니지만 받아주세요.

남　1 떠맡은 이상 열심히 할게요.

2 별 볼 일 없는 물건은 좀….

3 마음 써 주셔서 감사합니다.

つまらない 시시하다, 별 볼 일 없다 | 受け取る 받다, 받아들이다 | ～たからには ～한 이상 | 心遣い 마음 씀, 배려

8番

女　すみません、ここでのお食事はご遠慮ください。

男　1　飲み物もだめなんですか。

　　2　じゃ、ご遠慮なく。

　　3　じゃ、お言葉に甘えて。

8번

여　죄송합니다만, 여기에서 식사하는 건 삼가 주세요.

남　1　음료수도 안 되나요?

　　2　그럼, 사양하지 않겠습니다.

　　3　그럼, 그렇게 말씀하시니.

遠慮 사양함, 삼감 | だめだ 불가능하다, 해서는 안 된다

9番

女　今度、中川さんから弁護士を紹介してもらうことにしたの。

男　1　中川さん、有名だからね。

　　2　中川さん、顔が広いからね。

　　3　中川さん、うわさ好きだからね。

9번

여　이번에 나카가와 씨한테 변호사 소개받기로 했어.

남　1　나카가와 씨, 유명하니까.

　　2　나카가와 씨, 발이 넓으니까.

　　3　나카가와 씨, 소문 내기 좋아하니까.

弁護士 변호사 | ～てもらう (남이) ～해 주다 | ～ことにする ～하기로 하다 | 顔が広い 발이 넓다, 인맥이 넓다
うわさ好き 소문 내기 좋아하는 사람

2회

問題1

1番

お母さんと息子が話しています。息子はこれから何を買わなければなりませんか。

女　もしもし。まさと、今どこ？

男　ちょうどバイト終わったところなんだけど、何で？

女　夕ご飯、カレーにしようと思ったのに、じゃがいもが一つしかなくてね。帰りに買ってきてくれる？

男　いいけど、いくつ買えばいい？

女　五つお願い。それと、チョコレートも一つお願いね。カレーに少し入れるとおいしくなるって。あと、肉は牛肉でいいよね。それも買ってきて。

男　うん。俺はかまわないけど、姉さんが嫌いじゃない？ 鶏肉で買って行く？

女　由紀子、今日帰り遅くなるから別にいいわよ。

息子はこれから何を買わなければなりませんか。

1 ア　イ
2 ア　ウ
3 ア　イ　エ
4 ア　エ

문제1

1번

엄마와 아들이 이야기하고 있습니다. 아들은 지금부터 무엇을 사야 합니까?

여　여보세요. 마사토, 지금 어디니?

남　마침 아르바이트 끝났는데 왜?

여　저녁밥 카레로 하려고 했는데 감자가 한 개밖에 없어서. 돌아오는 길에 사다 줄래?

남　괜찮은데, 몇 개 사면 돼?

여　5개 부탁해. 그리고 초콜릿도 1개 부탁해. 카레에 조금 넣으면 맛있어진대. 그리고 고기는 소고기 괜찮지? 그것도 사와.

남　응. 나는 상관없는데 누나가 싫어하지 않아? 닭고기로 사갈까?

여　유키코 오늘 늦게 들어오니까 괜찮아.

아들은 지금부터 무엇을 사야 합니까?

1 감자 5개, 초콜릿 1개
2 감자 5개, 닭고기
3 감자 5개, 초콜릿 1개, 소고기
4 감자 5개, 소고기

バイト(アルバイト) 아르바이트 | ～たところ 막 ～한 참 | 夕ご飯 저녁밥 | カレー 카레 | じゃがいも 감자 | ～しか ～밖에 | 帰り 귀갓길, 돌아오는 길 | チョコレート 초콜릿 | ～って ～하대, ～래 | 肉 고기 | 牛肉 소고기 | かまわない 상관없다 | 鶏肉 닭고기 | 別に 별로, 특별히

2番

女の人と男の人が話しています。女の人はこれから何をしますか。

女　卒業するのに必ず必要な科目がだめだった。どうしよう。

男　え、なんでだめだったの？

2번

여자와 남자가 이야기하고 있습니다. 여자는 앞으로 무엇을 합니까?

여　졸업하는 데 꼭 필요한 과목을 망쳤어. 어떡하지?

남　뭐? 왜 망쳤는데?

여　난 보고서 결과가 나빠서 그런 줄 알았는데, 그게

女　私はレポートがいけなかったと思ったんだけど、そうじゃなくて出席日数が足りなかったみたい。
男　おいおい、何してるんだよ。
女　それで夏休み中にある授業に出ないといけないんだ。地元に帰ろうと思ってたのに…。
男　今、そんなこと考える場合じゃないだろ。夏休みの授業にちゃんと出席しなよ。

女の人はこれから何をしますか。

1 レポートを書き直す
2 先生と相談する
3 夏休みにも授業を受ける
4 地元に帰る

아니라 출석일수가 모자랐나 봐.
남　야야, 뭐 하는 거야.
여　그래서 여름방학 중에 있는 수업에 나가야 해. 고향에 돌아가려고 했는데….
남　지금 그런 거 생각할 때가 아니잖아. 여름방학 수업에 제대로 출석해.

여자는 앞으로 무엇을 합니까?

1 레포트를 다시 쓴다
2 선생님과 상담한다
3 여름방학에도 수업을 듣는다
4 고향에 돌아간다

卒業 졸업 | 必ず 반드시, 꼭 | 必要だ 필요하다 | 科目 과목 | だめだ 좋지 않다, 나쁘다 | レポート 리포트, 보고서
いけない 성과가 좋지 않다, 나쁘다 | 出席 출석 | 日数 일수 | 足りない 모자르다, 부족하다 | 地元 고향, 그 지역 | 場合 경우, 때
ちゃんと 제대로, 확실하게 | 書き直す 다시 쓰다

3番

女の人と男の人が話しています。男の人はこれから何をしますか。

女　来週の水曜日は留学生の日だから博物館に無料で入れるんだって。しかもいろんなイベントがあって楽しそうだから行ってみようよ。
男　へえ、そういう日もあるんだ。でも来週の水曜日は授業が終わってすぐバイトなんだ。博物館は何時まで？ バイトは5時に終わるんだけど…。
女　博物館も5時に終わるよ。一日だけバイト休めないの？
男　俺が休むと一緒にバイトしてる人に迷惑をかけることになるから、とりあえず俺と代わってくれる人がいるかどうか探してみるよ。

男の人はこれから何をしますか。

1 バイト先に電話をして休みを取る
2 バイトが終わってから急いで博物館に行く
3 代わりにバイトをしてくれる人を探す

3번

여자와 남자가 이야기하고 있습니다. 남자는 앞으로 무엇을 합니까?

여　다음 주 수요일은 유학생의 날이라서 박물관에 무료로 들어갈 수 있대. 게다가 여러 가지 이벤트도 있어서 재미있을 것 같으니까 가 보자.
남　아, 그런 날도 있구나. 그런데 다음 주 수요일은 수업 끝나고 바로 아르바이트가 있어. 박물관은 몇 시까지야? 아르바이트는 5시에 끝나는데….
여　박물관도 5시에 끝나. 하루만 아르바이트 못 쉬어?
남　내가 쉬면 같이 아르바이트 하는 사람한테 민폐를 끼치게 되니까, 우선 나하고 바꿔 줄 사람이 있는지 찾아볼게.

남자는 앞으로 무엇을 합니까?

1 아르바이트 하는 곳에 전화를 해서 휴가를 받는다
2 아르바이트가 끝난 후에 서둘러서 박물관에 간다
3 대신 아르바이트를 해 줄 사람을 찾는다
4 다른 친구랑 같이 가라고 여자에게 전한다

4 他の友達を誘うよう女の人に伝える

博物館 박물관 | 無料 무료 | しかも 게다가, 더구나 | イベント 이벤트, 행사 | バイト(アルバイト) 아르바이트
迷惑をかける 폐를 끼치다 | とりあえず 우선, 일단 | 代わる 바꾸다, 대신하다 | ～てくれる (남이) ~해 주다
バイト先 아르바이트 하는 곳 | 休みを取る 휴가를 받다 | 急ぐ 서두르다 | 代わりに 대신에 | 誘う 권하다, 권유하다
伝える 전하다, 전달하다

4番

友達同士の女の人二人が話しています。キャンプ場はどのように予約しますか。

女1 ねえ、来週、富士山にキャンプに行かない？

女2 行く行く。去年のあそこだよね。星がすごくきれいな。

女1 うん、同じ所。去年は急に天気が悪くなって一日はずっとテントの中でいたじゃない。幸いに次の日は晴れて富士山が見えたけど、やっぱり天気が変わりやすい所だから１泊じゃ危ないよね。

女2 去年は夏だったからだよ。今の時期はずっと晴れてるから日帰りでも全然問題ないと思う。

女1 それもそうね。でも、せっかく行くんだったら、星空の輝く所で１泊はキャンプしたい。

女2 うん。じゃ、そうしよう。

キャンプ場はどのように予約しますか。

1 ２泊３日
2 １泊２日
3 ３泊４日
4 日帰り

4번

친구 사이인 여자 두 명이 이야기하고 있습니다. 캠프장은 어떻게 예약합니까?

여1 있잖아, 다음 주에 후지산으로 캠핑 안 갈래?

여2 갈래 갈래. 작년에 갔던 거기지? 별이 엄청 예뻤던.

여1 응, 같은 곳. 작년에는 갑자기 날씨가 안 좋아져서 하루는 쭉 텐트 안에 있었잖아. 다행히도 다음날 개서 후지산이 보였지만, 역시 날씨가 변덕스러운 곳이니 1박은 위험해.

여2 작년에는 여름이었으니까. 지금 시기에는 계속 맑으니까 당일치기라도 전혀 문제 없을 것 같은데.

여1 그것도 그러네. 하지만 모처럼 가는 거니까 별이 빛나는 곳에서 1박은 캠핑하고 싶어.

여2 응. 그럼, 그렇게 하자.

캠핑장은 어떻게 예약합니까?

1 2박 3일
2 1박 2일
3 3박 4일
4 당일치기

～同士 ~ 사이임 | キャンプ場 캠핑장 | 予約 예약 | キャンプ 캠핑 | 星 별 | テント 텐트, 천막 | 幸いに 다행히
晴れる (날씨가) 개다, 맑다 | 富士山 후지산〈지명〉 | ～泊 ~박 | 時期 시기 | 日帰り 당일치기 | 全然 전혀 | せっかく 모처럼
星空 별이 빛나는 하늘 | 輝く 빛나다, 반짝이다

5番

女の子と男の子が話しています。男の子は文化祭に何がしたいと言っていますか。

女 佐藤君のクラスは文化祭に何する？

男 まだいいアイデアがなくて去年と同じことするかも。

5번

여자아이와 남자아이가 이야기하고 있습니다. 남자아이는 축제 때에 무엇을 하고 싶다고 말하고 있습니까?

여 사토네 반은 축제 때 뭐해?

남 아직 좋은 아이디어가 없어서 작년과 같은 거 할지도 몰라.

女　ファッションショーって毎年やってるよね。人気だし。

男　僕はやったことないことがしたいんだけど、なかなかアイデアが浮かばないんだ。君のクラスは？

女　うちはたこやき。

男　君のクラスも去年と同じだね。

女　ファッションショーしようって意見もあったけど、練習とか準備が面倒くさいからさ。

男　そうだよね。去年、準備で大変苦労したから、僕も今回は簡単にできることがしたいな。

女　かき氷はどう？ 珍しいし、きっと人気あると思う。

男　氷を削ってシロップかけるだけで作れるし。よし、みんなに提案してみる。

男の子は文化祭に何がしたいと言っていますか。

1 かき氷
2 ファッションショー
3 たこ焼き
4 お好み焼き

여　패션쇼 매년 하는구나. 인기도 있고.

남　난 해본 적 없는 걸 하고 싶은데 좀처럼 아이디어가 안 떠올라. 너희 반은?

여　우리는 다코야키.

남　너희 반도 작년이랑 똑같네.

여　패션쇼 하자는 의견도 있었는데 연습이라든가 준비가 귀찮아서 말이야.

남　맞아. 작년에 준비하느라 엄청 고생해서 나도 이번엔 간단하게 할 수 있는 걸 하고 싶어.

여　빙수 같은 건 어때? 좀 특이하기도 하고 분명 인기 있을거야.

남　얼음을 갈아서 시럽만 뿌리면 만들 수 있고. 좋았어, 모두에게 제안해 볼게.

남자아이는 축제 때 무엇을 하고 싶다고 말하고 있습니까?

1 빙수
2 패션쇼
3 다코야키
4 오코노미야키

文化祭 학교 축제 | アイデア 아이디어 | ファッションショー 패션쇼 | 毎年 매년, 매해 | 人気 인기 | なかなか 좀처럼 | 浮かぶ 떠오르다 | 意見 의견 | 練習 연습 | 準備 준비 | 面倒くさい 아주 귀찮다 | 苦労 고생 | かき氷 빙수 | 珍しい 드물다 | 削る 깎다, 갈다 | シロップ 시럽 | かける 뿌리다, 곁들이다 | 提案 제안

6番

女の人と男の人が話しています。二人はゴールデンウィークにどこに行きますか。

女　今年のゴールデンウィークは10日もあるね。どこ行く？

男　札幌はどう？ 忙しくて花見にも行けなかったじゃん。札幌は5月に桜が満開するらしいし、大好きなうにもいっぱい食べられるし。

女　北海道はいつも冬に行ってたから、春に行ってみるのもいいかも。

男　それとも台湾はどう？ この前、出張に行ったじゃん。見物するところも多いし、おいしいものもたくさんあったよ。3、4時間で行けるしね。

6번

여자와 남자가 이야기하고 있습니다. 두 사람은 골든 위크 때 어디에 갑니까?

여　올해 골든 위크는 10일이나 되네. 어디 갈래?

남　삿포로는 어때? 바빠서 꽃구경도 못 갔잖아? 삿포로는 5월에 벚꽃이 만개한다고 하고, 엄청 좋아하는 성게도 잔뜩 먹을 수 있고.

여　홋카이도는 늘 겨울에 갔었으니까 봄에 가 보는 것도 괜찮을지도.

남　아니면 대만은 어때? 요전에 출장으로 갔었잖아? 구경할 곳도 많고, 맛있는 것도 많았어. 3, 4시간이면 갈 수 있고.

여　봤어 봤어. 텔레비전에서 대만 맛집 소개해주는 거 보고 가보고 싶다고 생각했어.

女　見た見た。テレビで台湾グルメを紹介してるのを見て行ってみたいって思ったの。

男　あ、ベトナムはどう？ 最近注目を集めているじゃない。ビーチでのんびり過ごしたいな。

女　ビーチなら沖縄もいいじゃない？

男　毎年ゴールデンウィークに行ってるじゃん。今年は新しい所に行ってみようよ。

女　うん、分かった。二人とも仕事で疲れたから海を眺めながらゆっくり読書しよう。

二人はゴールデンウィークにどこに行きますか。

1 札幌
2 台湾
3 ベトナム
4 沖縄

남　아, 베트남은 어때? 최근 주목 받고 있잖아. 해변에서 느긋하게 지내고 싶어.

여　해변이라면 오키나와도 좋잖아?

남　매년 골든 위크때 가잖아. 올해는 새로운 곳에 가보자.

여　응, 그래. 둘 다 일 때문에 피곤했으니 바다를 바라보면서 느긋하게 독서하자.

두 사람은 골든 위크에 어디에 갑니까?

1 삿포로
2 대만
3 베트남
4 오키나와

ゴールデンウィーク 골든 위크 | 札幌 삿포로〈지명〉 | 花見 꽃구경 | 満開 만개함, 활짝 핌 | うに 성게 | 北海道 홋카이도〈지명〉 | 台湾 대만 | 出張 출장 | 見物 구경 | グルメ 맛집 | ベトナム 베트남 | 注目を集める 주목을 받다 | ビーチ 해변, 바닷가 | のんびり 느긋이 | 沖縄 오키나와〈지명〉 | 毎年 매년, 매해 | 眺める 바라보다 | 読書 독서

問題2

1番

女の人と男の人が話しています。女の人はどうしてデザートを食べませんか。

男　今日給料もらったから、僕がおごるよ。食べたいもの全部注文していいよ。

女　やった！ コース頼んでもいい？

男　うん。全然オッケー！ Aコースにする？

女　うん。Aコースはデザートにいちごか抹茶アイスクリームが選べるんだね。

男　いいね。たしかいちご好きだったよね？ アイスクリームも好きだし。

女　ふうん～、でも、今日はパスする。私の分まであなたが全部食べてね。

男　え？ 何で？ まだ風邪治ってない？ 温かいココアに替えてもらえるか聞いてみようか？

女　ううん。そうじゃなくて、この近くにクレープの有名なお店があるの。せっかくここまで

문제2

1번

여자와 남자가 이야기하고 있습니다. 여자는 왜 디저트를 먹지 않습니까?

남　오늘 월급 받았으니까 내가 한턱 낼게. 먹고 싶은 거 전부 시켜도 돼.

여　우아! 코스 시켜도 돼?

남　응, 전혀 상관없어. A코스로 할까?

여　그래. A코스는 디저트로 딸기나 말차 아이스크림을 고를 수 있네.

남　좋다. 아마 딸기 좋아했었지? 아이스크림도 좋아하고.

여　음~, 그렇지만 오늘은 패스할래. 내 것까지 네가 다 먹어.

남　어? 왜? 아직 감기가 다 안 나았어? 따뜻한 코코아로 바꿀 수 있는지 물어볼까?

여　아니. 그런 게 아니라 이 근처에 크레이프가 유명한 가게가 있거든. 모처럼 여기까지 왔으니까 먹으러 가야지.

来たんだから食べに行かなきゃ。

男　あ～、そういうことか。

남　아~, 그런거야?

女の人はどうしてデザートを食べませんか。

1 風邪気味で冷たい物が食べたくないから
2 好きな果物じゃないから
3 ダイエットしているから
4 違う店で他のデザートが食べたいから

여자는 왜 디저트를 먹지 않습니까?

1 감기 기운 때문에 찬 것을 먹고 싶지 않아서
2 좋아하는 과일이 아니어서
3 다이어트를 하고 있어서
4 다른 가게에서 다른 디저트가 먹고 싶어서

給料 급료, 월급 | おごる 한턱 내다 | 注文 주문 | コース 코스 | 全然 전혀, 아주 | オッケー 좋다, 알았다 | デザート 디저트, 후식
抹茶 말차 | たしか 분명히, 확실히 | パス 패스, 통과 | 分 몫 | 治る 낫다 | ココア 코코아 | 替える 바꾸다
～てもらう (남이) ~해 주다 | クレープ 크레이프 | せっかく 모처럼 | ～気味 기운, 기색, 기미 | ダイエット 다이어트

2番

女の人と男の人が話しています。女の人が山登りに行く一番の理由は何ですか。

男　今度の土曜日、暇だったら映画でも見ない？
女　ごめん。母と一緒に山登りに行くの。
男　先週も行ったよね。よっぽど好きなんだね、山登り。
女　うん、大好き。私、母と色んな話をしながら山に登る時一番幸せを感じるの。うちの母も同じこと言ってるしね。
男　そういえばいつもお母さんと一緒だよね。
女　うん。うちの母、もう年だから元気なうちにあちこち一緒に行こうと思うんだ。思い出もたくさんできるし、空気や水などがきれいな自然の中にいると癒されるし。
男　健康にもいいしね。
女　そう。

2번

여자와 남자가 이야기하고 있습니다. 여자가 등산에 가는 가장 큰 이유는 무엇입니까?

남　이번 주 토요일에 한가하면 영화라도 보지 않을래?
여　미안. 엄마랑 같이 등산 가.
남　지난주에도 갔었지? 아주 좋아하는구나, 등산.
여　응. 정말 좋아. 나, 엄마랑 이런저런 얘기하면서 산에 오를 때 가장 행복을 느껴. 우리 엄마도 똑같이 얘기하고.
남　그러고 보니 늘 엄마랑 같이 가는 구나.
여　응. 우리 엄마, 이제 나이도 있으셔서 건강할 때 여기저기 같이 가려고 생각해. 추억도 많이 생기고, 공기나 물 등이 깨끗한 자연 속에 있으면 몸도 마음도 편안해지고.
남　건강에도 좋고.
여　맞아.

女の人が山登りに行く一番の理由は何ですか。

1 健康にいいから
2 母と時間を過ごしたいから
3 自然の中にいると癒されるから
4 きれいな景色が見られるから

여자가 등산에 가는 가장 큰 이유는 무엇입니까?

1 건강에 좋아서
2 엄마랑 시간을 보내고 싶어서
3 자연 속에 있으면 편안해져서
4 아름다운 경치를 볼 수 있어서

山登り 등산 | 理由 이유 | よっぽど 상당히, 아주 | 幸せ 행복 | 感じる 느끼다 | 年 노년, 노령 | ～うちに ~할 때에
あちこち 여기저기 | 思い出 추억 | 空気 공기 | 自然 자연 | 癒す (고민·피로 등을) 풀다, (몸과 마음이) 편안해지다 | 健康 건강
過ごす 보내다, 지내다 | 景色 경치

3番

夫婦二人が話しています。女の人はどうしてペットの美容が学びたいと言っていますか。

女　私、来週の土曜日はずっと美容学校にいるから、子供の世話、よろしくね。それから、モモちゃんのえさも忘れないで。

男　えっ？ 何で？ 美容学校って何？

女　前に話したよね。ペットの美容が学びたいって。これからモモちゃんのヘアカットは私がするのよ。モモちゃんに似合うスタイルを一番知っているのも私だし。

男　まあまあ、資格取ってからでいいじゃない。しばらくはペットショップの美容師に任せた方がいいよ。

女　早くしてあげたいんだけど…。それに、資格取ったらすぐ仕事ができるって。別に就職したいわけではないけど、いい話じゃない？

男　君は犬好きだからペットショップとか似合うかも。

女　私はモモちゃんの専用美容師で十分。

女の人はどうしてペットの美容が学びたいと言っていますか。

1 すぐ就職ができるから
2 資格を取るのが簡単だから
3 ペットショップで働きたいから
4 自分の犬のケアは自分でやりたいから

3번

부부 둘이 이야기하고 있습니다. 여자는 왜 반려 동물 미용을 배우고 싶다고 말하고 있습니까?

여　나, 다음 주 토요일은 계속 미용학원에 있을 거니까 아이들 좀 돌봐줘. 그리고 모모 먹이도 잊지 말고.

남　뭐? 왜? 미용학원이라니 무슨 말이야?

여　전에 말했잖아. 반려 동물 미용 배우고 싶다고. 앞으로 모모 이발은 내가 할거야. 모모한테 어울리는 스타일을 제일 잘 아는 것도 나고.

남　뭐, 자격증 따고 나서 해도 되잖아? 당분간은 반려 동물 가게 미용사한테 맡기는 편이 좋아.

여　빨리 해 주고 싶은데. 게다가 자격증 따면 바로 일도 할 수 있대. 딱히 취업하고 싶은 것은 아니지만 괜찮지 않아?

남　당신은 개를 좋아하니까 반려 동물 가게 같은 곳 어울릴지도 모르겠다.

여　나는 모모의 전용 미용사로 충분해.

여자는 왜 반려 동물 미용을 배우고 싶다고 말하고 있습니까?

1 바로 취직할 수 있어서
2 자격증을 따는 것이 간단해서
3 반려 동물 가게에서 일하고 싶어서
4 자신의 개 관리는 자기가 하고 싶어서

ペット 반려 동물 | 美容 미용 | 学ぶ 배우다 | 世話 보살핌, 돌봄 | えさ 먹이 | ヘアカット 이발 | スタイル 스타일 | 資格 자격(증) | しばらく 한동안, 잠시 | ペットショップ 반려 동물 가게 | 美容師 미용사 | 任せる 맡기다 | ～って ~하대 | 別に 별로, 특별히 | 就職 취직 | 犬好き 개를 좋아하는 사람 | 専用 전용 | 十分だ 충분하다 | 働く 일하다 | ケア 보살핌, 돌봄

4番

女の人と男の人が話しています。女の人はどうしてプロポーズを断りましたか。

男　どうした？ ぼうっとして。

女　昨日ね、彼からプロポーズされたの。

男　よかったじゃない。今年中に結婚したいってずっと言ってたし。

女　うん。でも、断ったの。

4번

여자와 남자가 이야기하고 있습니다. 여자는 왜 프러포즈를 거절했습니까?

남　왜그래? 멍하니.

여　어제 말이야, 남자친구한테 프러포즈 받았어.

남　잘됐다! 올해 안에 결혼하고 싶다고 계속 말했잖아.

여　응. 그런데 거절했어.

남　뭐? 왜? 마리코의 남자친구 분명 잘생기고 성실한

男　えっ？ どうして？ まりこの彼氏って確かハンサムで真面目な人で、まりこの両親も気に入ってくれたんじゃなかった？ 性格が合わないの？

女　まあ、それもあるけど。それよりね、彼が急にアメリカ支社に行くことになって、結婚して一緒に行こうって言われたけど。私、家族と離れてアメリカで過ごすのって想像できないからね。

男　そうか。

女の人はどうしてプロポーズを断りましたか。

1 両親が反対しているから
2 彼と性格が合わないから
3 家族を離れたくないから
4 彼が真面目じゃないから

사람이라 마리코네 부모님도 맘에 들어 하지 않았어? 성격이 안 맞아?

여　뭐, 그런 것도 있지만. 그것보다는, 남자친구가 갑자기 미국 지사에 가게 돼서 결혼해서 같이 가자고 했는데. 난 가족들이랑 떨어져 미국에서 사는 거 상상할 수 없거든.

남　그렇구나.

여자는 왜 프러포즈를 거절했습니까?

1 부모님이 반대해서
2 남자친구와 성격이 안 맞아서
3 가족과 떨어지기 싫어서
4 남자친구가 성실하지 않아서

プロポーズ 프러포즈, 청혼 | 断る 거절하다 | ぼうっと 멍하니 | 確か 분명히, 아마 | ハンサムだ 잘생겼다 | 両親 부모님
気に入る 마음에 들다 | 性格 성격 | それより 그것보다, 그보다 | 支社 지사 | 離れる 멀다, 떨어지다 | 過ごす 지내다 | 想像 상상
反対 반대

5番

女の人と男の人が話しています。男の人が経済学部に入る理由は何ですか。

男　入学希望書類、書いた？ どうやって書けばいいんだろうな。

女　桜大学の経済学部だっけ？ 科学に興味があるって言ってたのに何で経済学部を選んだの？

男　就職を考えるとね。企業も最近他の学部の学生より特に経済学部の学生を採用してるじゃない。それに別に学びたい分野もないしね。

女　そうなんだ。そういえば智君のお父さんも桜大学出身じゃなかった？

男　うん。しかも同じ学部。前からうちの大学に入れってうるさかったんだ。俺、特に入りたい大学なんかないし、どこでもかまわなかったから、その願いだけでも聞いてあげたいと思ってね。

女　これで親孝行できるね。

5번

여자와 남자가 이야기하고 있습니다. 남자가 경제학부에 들어가는 이유는 무엇입니까?

남　입학 희망 서류 썼어? 어떻게 써야 할까.

여　사쿠라 대학 경제학부였나? 과학에 흥미있다고 했으면서 왜 경제학부를 선택했어?

남　취직을 생각해서. 기업도 최근에는 다른 학부 학생보다 특히나 경제학부 학생을 채용하고 있잖아. 게다가 따로 배우고 싶은 분야도 없고.

여　그렇구나. 그러고 보니 사토시네 아버님도 사쿠라 대학 출신 아니야?

남　응. 그것도 같은 학부야. 전부터 우리 대학에 들어오라고 성화셨거든. 난 딱히 들어가고 싶은 대학도 없고, 어디든 상관없으니까 그 소원만이라도 들어드리려고.

여　이걸로 효도할 수 있겠네.

男の人が経済学部に入る理由は何ですか。

1 他の学部はもう落ちたから
2 科学が勉強できる学部だから
3 ずっと学びたい分野だったから
4 親に勧められたから

남자가 경제학부에 들어가는 이유는 무엇입니까?

1 다른 학부는 이미 떨어져서
2 과학을 공부할 수 있는 학부여서
3 쭉 배우고 싶던 분야여서
4 부모님에게 권유받아서

経済学部 경제학부 | 理由 이유 | 希望 희망 | 書類 서류 | 科学 과학 | 興味 흥미 | 就職 취직 | 企業 기업 | 学部 학부
~より ~보다 | 特に 특히 | 採用 채용 | 別に 따로, 별로 | 学ぶ 배우다 | 分野 분야 | 出身 출신 | しかも 게다가, 더구나
うるさい 성가시다, 귀찮다 | かまわない 상관없다 | 親孝行 효도 | 勧める 추천하다

6番

女の人と男の人が話しています。女の人はどうして髪を短く切りましたか。

男　誰かと思ったら、ゆりちゃんだったんだね。突然どうしたの？ 長い髪がトレードマークだったのに…。
女　まあ、何となく。暑くなってきたから髪を切ってすっきりしたくて。
男　智君は何とも言わなかった？
女　何であいつにいろいろ言われなきゃいけないんだよ。もう別れたのに。
男　えっ、そうなの？ もしかしてそれで髪ばっさり短くしたの？
女　それとは全然関係ないの。長い髪がじゃまに感じてしまっただけ。

女の人はどうして髪を短く切りましたか。

1 失恋したから
2 美容師さんに勧められたから
3 彼が好きなヘアスタイルだから
4 暑くて長い髪がじゃまに感じたから

6번

여자와 남자가 이야기하고 있습니다. 여자는 왜 머리를 짧게 잘랐습니까?

남　누군가 했더니 유리였구나. 갑자기 어떻게 된 거야? 긴 머리가 트레이드 마크였는데….
여　뭐, 그냥. 더워져서 시원하게 머리 자르고 싶어서.
남　사토시는 뭐라고 안 해?
여　왜 걔한테 이러쿵저러쿵 말을 들어야 해? 이미 헤어졌는데.
남　뭐? 정말? 혹시 그래서 머리 싹둑 짧게 자른 거야?
여　그거랑 전혀 관계없어. 긴 머리가 귀찮게 느껴진 것뿐이야.

여자는 왜 머리를 짧게 잘랐습니까?

1 실연해서
2 미용사한테 추천받아서
3 남자친구가 좋아하는 머리 모양이라서
4 더워서 긴 머리가 귀찮게 느껴져서

髪 머리(카락) | 突然 갑자기 | トレードマーク 트레이드 마크 | 何となく 그냥, 왠지 모르게 | すっきり 상쾌한 모양, 시원함
別れる 헤어지다, 이별하다 | もしかして 혹시 | ばっさり 싹둑 | 全然 전혀 | 関係 관계 | じゃま 거추장스러움, 방해
感じる 느끼다 | 失恋 실연 | 美容師 미용사 | 勧める 추천하다 | ヘアスタイル 머리 모양

問題3

1番

旅館の受付の人と男の人が電話で話しています。

女　はい、泉山旅館でございます。

男　あの、ネットで10月24日から3泊予約した田中と申しますが、宿泊料金はいつ支払いますか。

女　田中様、ご予約いただきありがとうございます。当館ではご宿泊当日に現金やクレジットカードでのお支払い、または事前の銀行振込からお選びいただけます。

男　そうですか。田中で予約していますが、友達への宿泊プレゼントなのでクレジットカードでの支払いはできないし…。

女　ご家族やお友達への宿泊プレゼントなら、まずご連絡いただいた上で、3日前までに銀行振込していただければ問題ございません。

男　あ、そうですか。分かりました。

男の人はどの方法で支払いますか。

1 事前に現金で支払う
2 事前に銀行振込で支払う
3 宿泊当日に銀行振込で支払う
4 宿泊当日にクレジットカードで支払う

문제3

1번

여관 접수처 사람과 남자가 전화로 이야기하고 있습니다.

여　네, 이즈미야마 여관입니다.

남　저기, 인터넷으로 10월 24일부터 3박 예약한 다나카라고 하는데요, 숙박 요금은 언제 지불하면 되나요?

여　다나카 님, 예약해 주셔서 감사 드립니다. 저희 업소에서는 숙박 당일에 현금이나 신용카드로 지불하시거나, 아니면 사전에 은행으로 입금해주시는 방법 중 고르실 수 있습니다.

남　그런가요? 다나카로 예약했지만 친구한테 숙박 선물을 할거라서 신용카드로 결제는 안 되고….

여　가족이나 친구분에게 숙박 선물을 하는 경우라면, 우선 연락 주신 후에 3일 전까지 은행으로 입금해 주시면 문제 없습니다.

남　아, 그래요? 알겠습니다.

남자는 어떤 방법으로 지불합니까?

1 사전에 현금으로 지불
2 사전에 은행 입금으로 지불
3 숙박 당일에 은행 입금으로 지불
4 숙박 당일에 신용카드로 지불

旅館 여관〈일본 전통 숙소〉| 受付 접수 | ネット 인터넷, 온라인 | ～泊 ～박 | 予約 예약 | 宿泊 숙박 | 料金 요금
支払う 지불하다, 치르다 | 予約 예약 | 当館 본 업소 | 当日 당일 | 現金 현금 | クレジットカード 신용카드 | 事前 사전, 미리
振込 납입, 이체

2番

先生と留学生が話しています。

女　グエンさん、今日は最後の授業ですね。どうでしたか。充実した学校生活を送りましたか。

男　はい。1年間日本語の勉強もがんばったし、外国人の友達もたくさんできたし、本当に満足しています。

女　よかったですね。日本での生活はどうでしたか。印象に残っていることがありますか。

男　たくさんありますよ。初めて雪を見たのも記

2번

선생님과 유학생이 이야기하고 있습니다.

여　응우옌 씨, 오늘이 마지막 수업이네요. 어땠어요? 충실한 학교 생활을 보냈나요?

남　네. 1년간 일본어 공부도 열심히 했고, 외국인 친구도 많이 생겼고, 정말 만족합니다.

여　다행이네요. 일본에서의 생활은 어땠어요? 인상에 남는 것이 있나요?

남　많이 있어요. 처음 눈을 본 것도 기억에 남고, 어느 동네에 가도 깨끗해서 깜짝 놀랐어요. 또 모두 친절

憶に残っているし、どこの町に行ってもきれいだったのでびっくりしました。また、みんな親切にしてくれたことも。それから時間を絶対守ることですね。これが最も不思議で驚いたことです。1分単位で正確な電車の運行はベトナムではありえないことですからね。

女　そうなんですか。

この留学生は日本に来て一番驚いたことは何だと言っていますか。

1 時間を正確に守ること
2 四季があること
3 どの町もきれいなこと
4 みんな親切にしてくれたこと

하게 대해준 것도. 그리고 시간을 반드시 지키는 것이요. 이것이 가장 신기하고 놀랐던 부분이에요. 1분 단위로 정확한 전철 운행은 베트남에서는 있을 수 없는 일이니까요.

여　그렇군요.

이 유학생은 일본에 와서 가장 놀란 것은 무엇이라고 말하고 있습니까?

1 시간을 정확하게 지키는 것
2 사계절이 있는 것
3 어느 동네나 깨끗한 것
4 모두 친절하게 대해 준 것

留学生 유학생 | グエン 응우옌(nguyễn) 〈베트남의 성씨〉 | 充実 충실 | 満足 만족 | 印象に残る 인상에 남다, 기억에 남다
記憶 기억 | 親切だ 친절하다 | ～てくれる (남이) ~해 주다 | 絶対 반드시, 절대로 | 守る 지키다 | 不思議 신기함 | 驚く 놀라다
単位 단위 | 正確だ 정확하다 | 運行 운행 | ベトナム 베트남 | ありえない 있을 수 없다 | 四季 사계절

3番

レストランで女の人と店員が話しています。

男　いらっしゃいませ。何名様ですか？

女　あ、さきほど連絡した、鈴木と申しますが…。

男　あ、鈴木様でございますね。少々お待ちください。お忘れになったハンカチはこちらでお間違いないでしょうか？

女　はい、これで合ってます。お手数おかけして申し訳ありませんでした。あと、ここのメニュー持ち帰りできますか？

男　はい。もちろんでございます。メニューがお決まりになりましたら、お声かけください。

女　あ、注文は今じゃなくて、来週子供の誕生日パーティーがあるので、その時にテイクアウトしようと思って…。

男　すべてのメニューのお持ち帰りが可能ですので、前日までにご連絡お願いいたします。

女　あ、そうですか。あと、少し味を薄くしていただくことはできますか？前回食べた時、少し濃くて…。

3번

레스토랑에서 여자와 점원이 이야기하고 있습니다.

남　어서 오세요. 몇 분이신가요?

여　아, 방금 전에 연락 드린 스즈키라고 합니다만….

남　아, 스즈키 님이요. 잠시만 기다려 주세요. 두고 가신 손수건은 이게 맞으신가요?

여　네, 맞아요. 수고를 끼쳐 드려서 죄송합니다. 그리고, 여기 메뉴를 포장할 수 있나요?

남　네, 물론입니다. 메뉴가 결정되시면 불러 주세요.

여　아, 주문은 오늘이 아니라 다음 주에 아이 생일파티가 있어서 그때 테이크 아웃 할까 해서요.

남　모든 메뉴가 포장 가능하니 하루 전까지 연락주시기 바랍니다.

여　아, 그렇군요. 그리고 조금 싱겁게 해주실 수 있나요? 지난 번에 먹었을 때 좀 짜서….

남　주문 시에 말씀해 주시면 그렇게 해 드리겠습니다.

여　감사합니다. 남편과 다시 이야기해보고 연락 드리겠습니다.

남　네, 알겠습니다.

男　ご注文の際におっしゃっていただければ対応させていただきます。

女　ありがとうございます。主人ともう一度話し合って、連絡させていただきます。

男　はい、かしこまりました。

女の人はレストランに何をしに来ましたか。

1 予約しに来た
2 メニューを持ち帰りしに来た
3 忘れ物を取りに来た
4 料理に対する文句を言いに来た

여자는 레스토랑에 무엇을 하러 왔습니까?

1 예약을 하러 왔다
2 메뉴를 포장해서 사 가려고 왔다
3 두고 간 물건을 가지러 왔다
4 요리에 대한 불만을 얘기하러 왔다

店員 점원 | さきほど 아까, 조금 전 | 少々 잠시, 조금 | 間違いない 틀림없다 | 手数をかける 수고를 끼치다 | メニュー 메뉴
持ち帰り 포장 | 声をかける 부르다, 말을 걸다 | 注文 주문 | テイクアウト 테이크 아웃, 포장 | 可能 가능함 | 前日 전일, 전날
味が薄い 맛이 연하다, 싱겁다 | ～ていただく (남이) ~해 주다 | 前回 지난번 | 濃い 진하다 | 際 때, 기회 | 対応 대응, 응대
主人 남편 | 話し合う 서로 이야기하다, 의논하다 | 予約 예약 | 忘れ物 물건을 두고 옴 | 文句 불평, 이의

問題4

1番

混雑しているカフェに空席があります。何と言いますか。

女　1 隣の席、空いてますか。
　　2 隣の席、空いていますか。
　　3 隣の席、空けてもらえませんか。

문제4

1번

혼잡한 카페에 빈 자리가 있습니다. 뭐라고 말합니까?

여　1 옆 자리, 비었나요?
　　2 옆 자리, 비워져 있나요?
　　3 옆 자리, 비워주시면 안될까요?

混雑 혼잡함 | カフェ 카페 | 空席 빈 자리 | 空く 비다, 차지하지 않다 | 空く 틈이 나다, 속이 비다 | 空ける 비우다

2番

レストランで子供が走り回っています。お父さんは何と言いますか。

男　1 翔太、じっと座っていなさい。
　　2 翔太、そっと座りなさい。
　　3 翔太、ちゃんとやりなさい。

2번

레스토랑에서 아이가 뛰어다니고 있습니다. 아빠는 뭐라고 말합니까?

남　1 쇼타, 가만히 앉아 있어.
　　2 쇼타, 살짝 앉아 있어.
　　3 쇼타, 제대로 해.

走り回る 뛰어 다니다 | じっと 가만히 | そっと 살짝, 조용히 | ちゃんと 제대로, 똑바로

3番

体調が悪いので会社を早退したいです。上司に何と言いますか。

男　1　すみません、体調が悪いんですが、今日早く帰っていただけないでしょうか。
　　2　すみません、体調が悪いんですが、今日早く帰らせていただけませんか。
　　3　すみません、体調が悪いんですが、今日早く帰った方がいいでしょうか。

3번

몸 상태가 안 좋아서 회사를 조퇴하고 싶습니다. 상사에게 뭐라고 말합니까?

남　1　죄송하지만, 몸 상태가 안 좋은데 오늘 빨리 돌아가 주시면 안될까요?
　　2　죄송하지만, 몸 상태가 안 좋은데 오늘 빨리 가도 될까요?
　　3　죄송하지만, 몸 상태가 안 좋은데 오늘 빨리 돌아가는 편이 좋을까요?

体調が悪い 몸 상태가 나쁘다 | 早退 조퇴 | 上司 상사 | ～ていただく (남이) ~해 주다

4番

外国人が地図を持ってうろうろしています。何と言いますか。

女　1　何か落としましたか。
　　2　何かお困りですか。
　　3　何か間違っていますか。

4번

외국인이 지도를 들고 우왕좌왕하고 있습니다. 뭐라고 말합니까?

여　1　뭐 잃어버리셨어요?
　　2　뭐 곤란하세요?
　　3　뭐 잘못됐어요?

うろうろする 우왕좌왕하다 | 落とす 떨어뜨리다, 잃어버리다 | 間違う 잘못되다

問題5

문제5

1番

男　最近は字幕なしで海外ドラマを見ているんだ。
女　1　やっと耳がよくなったね。
　　2　やっと聞き取れるようになったね。
　　3　やっと聞けるようになったね。

1번

남　최근에는 자막 없이 해외 드라마를 보고 있어.
여　1　드디어 귀가 좋아졌구나.
　　2　드디어 알아들을 수 있게 되었구나.
　　3　드디어 들을 수 있게 되었구나.

字幕 자막 | ～なし ~없음, ~없이 | 海外ドラマ 해외 드라마, 외국 드라마 | 聞き取る 알아듣다

2番

女　山田君ってスポーツも上手だし、ハンサムだし、優しいし、完璧だと思わない？
男　1　それにまじめすぎるし。
　　2　それに勉強もよくできるしね。
　　3　それに男っぽいしね。

2번

여　야마다, 운동도 잘하고 잘생기고 상냥하고, 완벽하다고 생각하지 않아?
남　1　게다가 너무 성실하고.
　　2　게다가 공부도 잘하고.
　　3　게다가 남자 같고.

ハンサムだ 잘생겼다 | 完璧(かんぺき)だ 완벽하다 | ~すぎる 너무 ~하다 | ~っぽい ~ 같다

3番

女　いらっしゃいませ。ご予約(よやく)のお客様(きゃくさま)ですか。
男　1　はい、お客様(きゃくさま)です。
　　2　はい、予約(よやく)しようと思(おも)っているんですが…。
　　3　はい、佐藤(さとう)という名前(なまえ)で予約(よやく)しています。

3번

여　어서 오세요. 손님, 예약하셨나요?
남　1　네, 손님입니다.
　　2　네, 예약하려고 하는데요….
　　3　네, 사토라는 이름으로 예약했어요.

予約(よやく) 예약

4番

女　あら、お子(こ)さん、見(み)ないうちに大(おお)きくなりましたね。
男　1　もう小学校(しょうがっこう)1年生(ねんせい)になるんです。
　　2　しばらく見(み)なかったからです。
　　3　大(おお)きくなってよく見(み)えますよね。

4번

여　어머, 자녀분, 못 본 사이에 많이 컸네요.
남　1　이제 초등학교 1학년 돼요.
　　2　한동안 못 봐서 그래요.
　　3　많이 커서 잘 보이죠.

お子(こ)さん (남의) 자녀분 | ~ないうちに ~안 한 사이에 | 見(み)える 보이다

5番

男　すみません、お風呂(ふろ)のスリッパはどこですか。
女　1　生活用品(せいかつようひん)は3階(がい)です。
　　2　お風呂(ふろ)は地下(ちか)1階(かい)です。
　　3　スリッパは玄関(げんかん)で脱(ぬ)いでください。

5번

남　저기, 화장실 슬리퍼는 어디 있어요?
여　1　생활용품은 3층입니다.
　　2　목욕탕은 지하 1층입니다.
　　3　슬리퍼는 현관에서 벗어주세요.

スリッパ 슬리퍼, 실내화 | 生活用品(せいかつようひん) 생활용품 | 地下(ちか) 지하 | 玄関(げんかん) 현관 | 脱(ぬ)ぐ 벗다

6番

女　毎日残業(まいにちざんぎょう)ばかりで、もうやってらんないの。
男　1　残業(ざんぎょう)をやらないと、困(こま)るよね。
　　2　忙(いそが)しい時期(じき)だからね。あと少(すこ)しがんばってみよう。
　　3　残業(ざんぎょう)やっててよかったね。

6번

여　매일 야근만 하고, 진짜 더는 못 하겠어.
남　1　야근을 안 하면 곤란하지.
　　2　바쁜 시기니까. 앞으로 조금만 힘내보자.
　　3　야근해서 다행이야.

残業(ざんぎょう) 잔업, 야근 | ~ばかり ~만 계속함, 계속 ~함 | やってらんない(やっていられない) 더이상 할 수 없다 | 時期(じき) 시기

7番

男　お忙しいところ、お手数をおかけしてすみません。

女　1 忙しいから、仕方ありません。

2 かまいません。気にしないでください。

3 大丈夫ですよ。ちょうど家に帰るところでした。

7번

남　바쁘신 와중에 귀찮게 해드려서 죄송합니다.

여　1 바쁘니까 어쩔 수 없어요.

2 상관없어요. 신경 쓰지 마세요.

3 괜찮아요. 지금 막 집에 가려던 참이었어요.

手数をかける 수고를 끼치다, 번거롭게 하다 | 仕方ない 어쩔 수 없다, 하는 수 없다 | かまう 상관하다, 마음 쓰다
気にする 신경 쓰다, 걱정하다 | ちょうど 마침, 딱 | ～ところ ～하려던 참

8番

男　もしもし。今何してる？

女　1 街をぶらぶらしてるけど…。

2 のどがからからだけど…。

3 母は料理してるんだけど…。

8번

남　여보세요. 지금 뭐하고 있어?

여　1 시내를 어슬렁거리고 있는데….

2 목이 마르는데….

3 엄마는 요리하고 계신데….

ぶらぶら 어슬렁어슬렁, 빈둥빈둥 | のど 목 | からから 바싹 마른 모양

9番

男　明日も晴れなら、どこか行こう。

女　1 今日は久しぶりに雨だったね。

2 天気予報によると、曇りだって。

3 一緒に行けばいいのに。

9번

남　내일도 맑으면 어디 가자!

여　1 오늘은 오랜만에 비가 내렸지?

2 일기예보에 따르면 흐리대.

3 같이 가면 좋을텐데.

晴れ (날씨가) 갬, 맑음 | 久しぶり 오랜만 | 天気予報 일기예보 | 曇り 흐림

3회

問題1

1番

女の人と男の人が話しています。女の人は何を持って行かなければなりませんか。

男　はい、ジャパンレンタルでございます。

女　あの、一ヶ月間車を借りたいんですけど、外国人でも借りられますか。

男　日本で運転できる国際免許証さえあればレンタルできます。国際免許証でレンタルする際はパスポートが必要となりますので、契約の時はお忘れなくお持ちください。それから、当社のレンタカーは原則としてクレジットカードでの支払いになるので、クレジットカードの用意も忘れないようにしてください。

女　はい、分かりました。契約書はそこに行って書けばいいんですよね。

男　はい。まずは、当社にいらっしゃって車種とレンタル期間を選んでいただいて、見積書を確認した後で契約となります。

女　はい、分かりました。とりあえず、近くの営業所に伺います。

女の人は何を持って行かなければなりませんか。

1 ア　イ　ウ
2 ア　イ
3 ア　エ
4 イ　ウ　エ

문제1

1번

여자와 남자가 이야기하고 있습니다. 여자는 무엇을 가지고 가야 합니까?

남　네, 재팬 렌탈입니다.

여　저기, 한 달간 차를 빌리고 싶은데, 외국인도 빌릴 수 있나요?

남　일본에서 운전할 수 있는 국제면허증만 있으면 빌릴 수 있습니다. 국제면허증으로 빌릴 때는 여권이 필요하기 때문에 계약 시 잊지 말고 가져오세요. 그리고 당사 렌터카는 신용카드 지불을 원칙으로 하고 있기 때문에 신용카드를 준비하시는 것도 잊지 않도록 해주세요.

여　네, 알겠습니다. 계약서는 거기 가서 쓰면 되는 거죠?

남　네. 우선 당사에 오셔서 차종과 렌트 기간을 골라주시고 견적서를 확인한 후에 계약하시면 됩니다.

여　네, 알겠습니다. 우선 근처 영업소에 가 볼게요.

여자는 무엇을 가지고 가야 합니까?

1 국제면허증, 여권, 신용카드
2 국제면허증, 여권
3 국제면허증, 계약서
4 여권, 신용카드, 계약서

レンタル 렌탈, 임대 | 国際免許証 국제면허증 | ～さえ ～조차, ～만 | ～際 ～할 때 | パスポート 여권 | 契約 계약 | 当社 당사 | 原則 원칙 | クレジットカード 신용카드 | 支払い 지불 | 用意 준비 | 契約書 계약서 | 車種 차종 | 期間 기간 | 見積書 견적서 | 確認 확인 | とりあえず 우선, 일단 | 営業所 영업소 | 伺う 찾다, 방문하다

2番

女の人と男の人が話しています。女の人はこれからどうしますか。

女　来週の土曜日、花火大会があるんだって。一緒に行かない？

男　去年行ったけど、人がとても多かったよ。すごくきれいだけど、座る場所もなかったし、帰りも本当に大変だったな。

女　そうか。一度は行ってみたかったけど…。

男　行きたいなら付き合うけど、心の準備はしておいた方がいいよ。

女　そっかあ。これからあっちこっちであると思うし、込みすぎるとあまり楽しめないからやっぱりいいや。他のところを探してみるよ。

女の人はこれからどうしますか。

1 花火大会に男の人と一緒に行く
2 一緒に行ける友達を探す
3 他の花火大会を調べる
4 テレビで花火大会を見る

2번

여자와 남자가 이야기하고 있습니다. 여자는 앞으로 어떻게 합니까?

여　다음 주 토요일에 불꽃놀이가 있대. 같이 가지 않을래?

남　작년에 갔는데 사람이 너무 많았어. 정말 예쁜데 앉을 장소도 없고 집에 갈 때도 진짜 힘들었거든.

여　그래? 한 번은 가 보고 싶었는데….

남　가고 싶으면 같이 가겠지만, 마음의 준비는 해 두는 편이 좋을 거야.

여　그렇구나. 앞으로 여기저기서 할 테고, 너무 복잡하면 별로 즐길 수 없으니까 그냥 관둘래. 다른 곳을 찾아 볼게.

여자는 앞으로 어떻게 합니까?

1 불꽃놀이에 남자와 함께 간다
2 같이 갈 수 있는 친구를 찾는다
3 다른 불꽃놀이를 찾아본다
4 텔레비전으로 불꽃놀이를 본다

花火大会 불꽃놀이 | 帰り 귀갓길, 돌아오는 길 | 付き合う 어울리다, 함께 하다 | 準備 준비 | 込む 붐비다, 막히다 | ~すぎる 너무 ~하다 | 調べる 찾아보다, 알아보다

3番

女の人と男の人が話しています。男の人は部屋をきれいにするために何をしますか。

女　何、この部屋、汚いな。ちょっとは掃除しなよ。

男　きれいにしたい気持ちはあるけど、どこから手を付ければいいか分からなくて…。

女　掃除はともかく荷物が多すぎるよ。使わないものもたくさんあるんじゃない？

男　いつか使えると思っちゃって…。

女　きれいにするためには掃除も重要だけど、ものを増やさないことが大事だよ。使わないものは思い切って捨てちゃって。

男　心が痛いけど、分かった。

3번

여자와 남자가 이야기하고 있습니다. 남자는 방을 깨끗하게 하기 위해서 무엇을 합니까?

여　뭐야, 이 방, 더럽잖아. 청소 좀 해.

남　깨끗이 하고 싶은 마음은 있는데, 어디서부터 손을 대야 할지 몰라서….

여　청소는 둘째치고 짐이 너무 많아. 안 쓰는 물건도 많지 않아?

남　언젠가 쓸 수 있을 것 같아서….

여　깨끗하게 하려면 청소도 중요하지만, 물건을 늘리지 않는 게 중요해. 쓰지 않는 건 과감히 버리고.

남　마음이 아프지만, 알았어.

男の人は部屋をきれいにするために何をしますか。

1 大掃除をする
2 荷物を減らす
3 友達に整理を手伝ってもらう
4 買い物をやめる

남자는 방을 깨끗하게 하기 위해서 무엇을 합니까?

1 대청소를 한다
2 짐을 줄인다
3 친구한테 도움을 받아 정리한다
4 쇼핑을 그만둔다

掃除 청소 | 手を付ける 손을 대다, 착수하다 | ともかく 어쨌든, 하여튼 | ～すぎる 너무 ~하다 | 重要だ 중요하다
増やす 늘리다 | 思い切って 과감히 | 捨てる 버리다 | 大掃除 대청소 | 減らす 줄이다 | 整理 정리 | ～てもらう (남이) ~해 주다
やめる 그만두다, 끊다

4番

女の人と男の人が話しています。男の人はこれから何をしますか。

男　休みの日は普通、何してる？
女　本を読んだり、犬と散歩に行ったり、運動をしたりしてるけど、何で？
男　俺はいつも何もしないでだらだらと過ごしてるから、なんか時間がもったいないなと思ってさ。
女　本読むの好きだったよね。週末にある読書会とかに参加してみたら？
男　最近はあまり本読んでないし、それはいい考えかも。
女　どういう分野の読書会に参加したいのかを先に考えてみた方がいいよ。
男　そうだね。分かった。とりあえずネットで調べてみる。

男の人はこれから何をしますか。

1 家にある本を片付ける
2 友達に本を持ってきてもらう
3 参加したいジャンルの読書会を探す
4 家の近くにある図書館に行ってみる

4번

여자와 남자가 이야기하고 있습니다. 남자는 앞으로 무엇을 합니까?

남　쉬는 날에는 보통 뭐해?
여　책을 보거나 개와 산책을 가거나, 운동을 하거나 하는데, 왜?
남　난 항상 아무것도 안 하고 늘어져 지내니까 왠지 시간이 아까운 것 같아서.
여　책 읽는 거 좋아했지? 주말에 있는 독서회 같은 데 참가해보는 건 어때?
남　요즘에는 별로 책 안 읽으니까 그거 좋은 생각인 거 같다.
여　어떤 분야의 독서회에 참가하고 싶은지를 먼저 생각해 보는 게 좋을 거야.
남　그렇네. 알았어. 일단 인터넷으로 찾아볼게.

남자는 앞으로 무엇을 합니까?

1 집에 있는 책을 정리한다
2 친구에게 책을 가지고 오라고 한다
3 참가하고 싶은 장르의 독서회를 찾는다
4 집 근처에 있는 도서관에 가 본다

普通 보통 | だらだら 늘어짐, 해이함 | 過ごす 지내다, 보내다 | もったいない 아깝다 | 読書会 독서회 | 参加 참가, 참석
分野 분야 | 先に 먼저, 미리 | とりあえず 우선, 일단 | ネット 인터넷, 온라인 | 調べる 찾아보다, 알아보다 | 片付ける 정리하다
～てもらう (남이) ~해 주다 | ジャンル 장르, 종류

5番

女の人と男の人が話しています。女の人はいつ、どこで荷物を受け取りますか。

男　はい、黒田宅配でございます。

女　あ、こんばんは。家に帰ったらメモがあったので、連絡しました。

男　はい、お名前を教えていただけますか。

女　鈴木と申します。

男　あ、鈴木様ですね。本日午後５時過ぎにお訪ねしたのですが、お留守でしたので、メモを残させていただきました。明日のこの時間は家にいらっしゃいますか。

女　はい。

男　そしたら明日午後８時に伺ってもよろしいですか。

女　あの、すみませんが、今日中に受け取ることってできないんでしょうか。

男　申し訳ございませんが、本日の営業は終わりましたので、早くても明日午前８時からになります。

女　その時間にはもう会社にいるんですが、会社までの再配達もできますか。

男　すみません。場所の変更は当店では対応できません。

女　あ、そうですか。じゃ、しかたないですね。

女の人はいつ、どこで荷物を受け取りますか。

1 今日の午後８時に家で
2 今日の午後８時に会社で
3 明日の午後８時に家で
4 明日の午前８時に会社で

5번

여자와 남자가 이야기하고 있습니다. 여자는 언제, 어디서 짐을 받습니까?

남　네, 쿠로다 택배입니다.

여　아, 안녕하세요. 집에 왔더니 메모가 있어서 전화 드렸어요.

남　네, 성함을 알려주시겠어요?

여　스즈키라고 합니다.

남　아, 스즈키 님이시군요. 오늘 오후 5시 넘어서 방문했는데 부재중이셔서 메모 남겼습니다. 내일 이 시간에는 집에 계시나요?

여　네.

남　그럼 내일 오후 8시에 방문해도 될까요?

여　저, 죄송하지만 오늘 중으로 받을 수는 없을까요?

남　죄송합니다만 오늘 영업은 종료해서 빨라도 내일 오전 8시부터입니다.

여　그 시간에는 이미 회사에 있는데 회사로 재배송 받을 수 없을까요?

남　죄송합니다. 장소 변경은 저희 가게에서 대응해 드릴 수가 없습니다.

여　아, 그래요? 그럼 어쩔 수 없네요.

여자는 언제, 어디서 짐을 받습니까?

1 오늘 오후 8시에 집에서
2 오늘 오후 8시에 회사에서
3 내일 오후 8시에 집에서
4 내일 오전 8시에 회사에서

荷物 짐, 화물 | 受け取る 받다 | 宅配 택배 | メモ 메모 | 連絡 연락 | 本日 금일, 오늘 | ～過ぎ ～지나, ～넘어 | 訪ねる 방문하다 | 留守 부재중 | 残す 남기다 | 伺う 뵙다, 찾아뵙다 | 今日中 오늘 중 | 営業 영업 | 再配達 재배달 | 変更 변경 | 当店 본점, 저희 가게 | 対応 대응, 대처 | しかたない 어쩔 수 없다, 할 수 없다

6番

夫婦二人が話しています。夫はどこに泊まりたいと言っていますか。

女　いよいよ再来週だね、ハワイ。早く行きたいなあ。

男　うん。新婚旅行以来10年ぶりだね。ところで、飛行機以外は俺たち何も予約してないじゃない。ホテルとか早く予約しないと。

女　新婚旅行じゃないし、ホテルは適当に安いところにしようよ。スカイダイビングやスクーバダイビングなどでお金けっこうかかるから。

男　そうだね。でも、ハワイなんだから海が見えるところがいいな。

女　少し探してみたけど、海が見えるところってけっこう高かったの。見て見て。ロイヤルホテルはホノルルにあって部屋からワイキキビーチが見えるけど、1泊1万5千円。あと、グリーンホテルはホノルルから1時間くらい離れたところだけど、部屋がすごくきれい。でしょう？ あと、スターホテルは1泊2万もするけど、海も見えるし、こんなに大きいプライベートプールもあるんだよ。最後にアロハホテルは空港から近いところで料理がすごくおいしいって。どこがいいと思う？

男　値段はちょっと高いけど、海も見えて本当に俺たちだけが使えるプールがある所がいいな、俺は。

夫はどこに泊まりたいと言っていますか。

1 ロイヤルホテル
2 グリーンホテル
3 スターホテル
4 アロハホテル

6번

부부 둘이 이야기하고 있습니다. 남편은 어디에 묵고 싶다고 말하고 있습니까?

여　드디어 다다음주네, 하와이. 빨리 가고 싶다.

남　응. 신혼여행 이후 10년 만이지. 그건 그렇고 비행기 이외에는 우리 아무것도 예약 안 했잖아? 호텔이라든가 빨리 예약해야지.

여　신혼여행도 아니고 호텔은 적당히 저렴한 곳으로 하자. 스카이 다이빙이나 스쿠버 다이빙 등에 돈 많이 드니까.

남　그러네. 하지만 하와이니까 바다가 보이는 곳이 좋은데.

여　좀 찾아봤는데 바다가 보이는 곳은 꽤 비쌌어. 봐봐. 로얄 호텔은 호놀룰루에 있고 방에서 와이키키 해변이 보이지만 1박에 1만 5천 엔. 그리고 그린 호텔은 호놀룰루에서 한 시간 정도 떨어진 곳이긴 한데 방이 엄청 깨끗해. 그렇지? 그리고 스타 호텔은 1박에 2만 엔이나 하지만 바다도 보이고 이렇게 큰 개별 수영장도 있어. 마지막으로 알로하 호텔은 공항에서 가깝고 요리가 엄청 맛있대. 어디가 좋을 것 같아?

남　가격은 좀 비싸지만 바다도 보이고, 정말 우리만 사용할 수 있는 수영장이 있는 곳이 좋겠어, 나는.

남편은 어디에 묵고 싶다고 말하고 있습니까?

1 로얄 호텔
2 그린 호텔
3 스타 호텔
4 알로하 호텔

泊まる 묵다 | いよいよ 드디어 | 新婚旅行 신혼여행 | 以来 이래, 이후 | ～ぶり ～만 | ところで 그런데, 그건 그렇고
飛行機 비행기 | 以外 이외 | 予約 예약 | 適当に 적당히 | スカイダイビング 스카이 다이빙 | スクーバダイビング 스쿠버 다이빙
かかる 들다, 소요되다 | ホノルル 호놀룰루〈지명〉 | ワイキキビーチ 와이키키 해변〈지명〉 | 離れる 멀다, 떨어지다
プライベートプール 개별 수영장 | 値段 값, 가격

問題2

1番

女の人と男の人が話しています。女の人は何に感動しましたか。

女　空港にあるロボット、見た？
男　何それ？ 空港にロボットがいるの？
女　そう。私もこの間初めて見たけど、それを見て感動しちゃった。人の話がちゃんと分かるみたいだし、チェックインカウンターまで道も教えてくれてたよ。
男　それはすごいね。とうとうAIの時代が来たのか。
女　通り過ぎる時にちょっと見たけど、使い方も簡単そうだったの。見た目もかわいいから子供たちが追いかけてた。映画の中で見ていたことが現実になるなんて、本当に不思議だね。
男　俺も早く見てみたいな。

女の人は何に感動しましたか。

1 ロボットの顔が人間の顔に似ていること
2 ロボットが人の話を理解すること
3 ロボットの見た目がかわいいこと
4 空港に便利なものが多いこと

문제2

1번

여자와 남자가 이야기하고 있습니다. 여자는 무엇에 감동했습니까?

여　공항에 있는 로봇 봤어?
남　뭔데 그게? 공항에 로봇이 있다고?
여　응. 나도 이번에 처음 봤는데, 그거 보고 감동했어. 사람의 이야기도 잘 이해하는 것 같고, 체크인 카운터까지 길도 안내해 줬어.
남　그거 굉장하네. 드디어 AI의 시대가 온 건가?
여　지나갈 때 잠깐 봤는데, 사용법도 간단해 보였어. 모양도 귀여우니까 아이들이 따라다니더라. 영화 속에서 보던 일이 현실이 되다니 정말 신기하다.
남　나도 빨리 보고 싶다.

여자는 무엇에 감동했습니까?

1 로봇의 얼굴이 인간의 얼굴과 닮은 것
2 로봇이 사람의 이야기를 이해하는 것
3 로봇 모양이 귀여운 것
4 공항에 편리한 것이 많은 것

感動 감동 | ロボット 로봇 | ちゃんと 제대로, 확실하게 | チェックインカウンター 체크인 카운터 | ～てくれる (남이) ~해 주다 | とうとう 드디어 | AI 인공지능 | 通り過ぎる 지나가다 | 使い方 사용법 | 見た目 겉보기, 볼품 | 追いかける 뒤쫓아 가다 | 現実 현실 | 不思議 불가사의함, 신기함 | 人間 인간, 사람 | 似る 닮다, 비슷하다 | 理解 이해

2番

女の人と男の人が話しています。女の人はなぜ寝られませんでしたか。

男　顔色が悪いけど、どうした？ 風邪引いた？
女　いや、風邪じゃなくて最近あまり寝られなくて疲れてるの。うちって公園のすぐそばにあるけど、夜になったら公園でお酒を飲んだり大声で騒いでる人が多くてね。
男　それは困るね。昼間ならなんとか我慢できるけど、さすがに夜はやめてほしいね。
女　そうなのよ。イヤホンつけて寝ようとしたけど、それでも気になって寝られなかったの。

2번

여자와 남자가 이야기하고 있습니다. 여자는 왜 잘 수 없었습니까?

남　안색이 안 좋은데, 무슨 일 있어? 감기 걸렸어?
여　아니, 감기가 아니라 요즘 잠을 잘 못 자서 피곤해서 그래. 우리 집, 공원 바로 옆에 있는데, 밤만 되면 술 마시거나 큰 소리로 떠드는 사람이 많아서.
남　그거 짜증나겠다. 낮이라면 어떻게든 참아 보겠지만 역시 밤에는 그러지 말아야지.
여　맞아. 이어폰 끼고 자려고 했는데, 그래도 신경 쓰여서 못 잤어.
남　그랬구나. 그런 일로 경찰 부르면 안 되나?

男　そっかあ。そういうことに警察を呼んではいけないのかな？

女　分からないけど、また同じことが起きたら電話してみるね。

女の人はなぜ寝られませんでしたか。

1 風邪を引いて眠れなかったから
2 友達と公園でお酒を飲んだから
3 マナーの悪い人々に迷惑をかけられたから
4 人が多いところで寝たから

여　모르겠지만 또 같은 일이 일어나면 전화해 볼게.

여자는 왜 잘 수 없었습니까?

1 감기에 걸려서 잠이 안 왔기 때문에
2 친구하고 공원에서 술을 마셨기 때문에
3 매너 없는 사람들이 민폐를 끼쳤기 때문에
4 사람이 많은 곳에서 잤기 때문에

顔色 안색, 표정 | 疲れる 지치다, 피곤하다 | 大声 큰 소리, 고성 | 騒ぐ 떠들다, 소란스럽게 하다 | 昼間 낮 | なんとか 어떻게든
我慢 참음, 견딤 | さすがに 역시, 정말이지 | やめる 그만두다, 멈추다 | イヤホンをつける 이어폰을 끼다 | 気になる 신경 쓰이다
警察 경찰 | マナーが悪い 매너가 나쁘다, 매너가 없다 | 迷惑をかける 폐를 끼치다

3番

女の人と男の人が話しています。女の人は男の人に何をアドバイスしていますか。

女　私、嘘のメールに騙されるところだった。

男　えっ、何？嘘のメールって。

女　友達のSNSのＩＤでメッセージが来たんだけど、海外旅行中にケータイと財布を無くしたからお金を送ってほしいっていうメールだったの。

男　えっ、それって、嫌な予感がするんだけど。

女　うん、とても困ってる様子だったから私も一瞬送ろうとしたんだけど、ちょっと怪しい気もして友達に電話してみたら普通に会社で仕事してたのよ。

男　危なかったね。

女　そういう内容のメールには気を付けた方がいいよ。メッセージが来たとしてもお金を送らないで先に必ず確認してね。

男　もちろん。俺は絶対騙されないから心配しないで。

女の人は男の人に何をアドバイスしていますか。

1 SNSのＩＤが他人に使われないように気を付ける
2 海外旅行中に忘れ物をしないように気を付ける

3번

여자와 남자가 이야기하고 있습니다. 여자는 남자한테 무엇을 조언하고 있습니까?

여　나, 거짓 메일에 속을 뻔 했잖아.

남　어? 뭔데? 거짓 메일이.

여　친구 SNS 아이디로 메시지가 왔는데, 해외여행 중에 휴대폰이랑 지갑을 잃어버렸으니까 돈 좀 보내 달라는 메일이었어.

남　뭐? 그거, 안 좋은 예감이 드는데….

여　응, 아주 곤란한 거 같아서 나도 순간 보내려고 하다가, 좀 수상한 기분도 들어서 친구한테 전화해 봤더니 평소대로 회사에서 일하고 있었어.

남　큰일 날 뻔했네.

여　그런 내용의 메일은 조심하는 게 좋아. 메시지가 오더라도 돈을 보내지 말고 먼저 확인해봐.

남　물론이지. 난 절대 속지 않으니까 걱정 마.

여자는 남자에게 무엇을 조언하고 있습니까?

1 SNS 아이디가 타인에게 사용되지 않도록 주의한다
2 해외여행 중에 물건을 잃어버리지 않도록 주의한다
3 돈을 요구하는 수상한 메일을 주의한다
4 자주 거짓말을 하는 친구를 주의한다

3 お金を要求する変なメールに気を付ける

4 よく嘘をつく友達に気を付ける

騙す 속이다 | ～ところだった ～할 뻔하다 | メッセージ 메시지 | 無くす 잃어버리다 | 予感 예감 | 様子 상태, 상황
一瞬 일순, 한순간 | 怪しい 수상하다, 의심스럽다 | 気がする 기분이 들다, 생각이 들다 | 普通に 평소대로, 평범하게 | 内容 내용
気を付ける 조심하다, 주의하다 | 先に 먼저, 미리 | 確認 확인 | 絶対 절대로 | 他人 타인, 남 | 忘れ物 물건을 잃어버림
要求する 요구하다 | 変だ 이상하다, 수상하다

4番

女の人と男の人が話しています。男の人は何が辛いと言っていますか。

男　時間が経つにつれ仕事に慣れるどころか、ますます辛くなってるよ。

女　どうしたの？ 仕事はあまり難しくないって言ってたじゃない？

男　仕事の内容はそうなんだけど、人との付き合いがどうしてもうまく行かなくてさ。

女　同期の人達と仲良くなかったっけ？

男　同期はみんないい人なんだけど、上司が小さなことでもすぐ怒る人で、一日中顔色伺ってるよ。それから何でもマニュアル通りにしなければならなくて本当に大変。

女　そうだったんだ。上司がそんな人だったら仕事しづらいよね。

男の人は何が辛いと言っていますか。

1 仕事の内容が難しい

2 同期の人とうまく付き合えない

3 上司の性格に合わせるのが大変だ

4 マニュアルがしょっちゅう変わる

4번

여자와 남자가 이야기하고 있습니다. 남자는 뭐가 괴롭다고 말하고 있습니까?

남　시간이 지날수록 일에 적응이 되기는커녕, 점점 더 괴로워지고 있어.

여　왜 그래? 일은 별로 어렵지 않다고 했잖아?

남　일의 내용은 그런데, 인간 관계가 영 잘 되지 않아서 말이야.

여　동기들이랑 사이가 안 좋아?

남　동기는 다 좋은 사람들인데, 상사가 작은 일로도 금방 화내는 사람이라서 하루 종일 안색을 살펴보게 돼. 그리고 무슨 일이든 매뉴얼대로 해야 해서 너무 힘들어.

여　그랬구나. 상사가 그런 사람이라면 일하기 힘들지.

남자는 뭐가 괴롭다고 말하고 있습니까?

1 일의 내용이 어렵다

2 동기와 잘 지낼 수 없다

3 상사의 성격을 맞추는 것이 힘들다

4 매뉴얼이 자주 바뀐다

辛い 괴롭다, 힘들다 | 経つ (시간이) 지나다 | ～につれ ～하면서, ～함에 따라 | ～どころか ～하기는 커녕 | ますます 더욱 더
内容 내용 | 付き合い 사귐, 어울림 | うまく行く 잘 되어가다 | 同期 동기 | 仲が良い 사이가 좋다, 친하다 | 上司 상사
一日中 하루 종일 | 顔色 안색, 표정 | 伺う 여쭈다, 살피다 | マニュアル 매뉴얼 | ～通り ～대로 | ～づらい ～하기 힘들다
付き合う 사귀다, 어울리다 | 性格 성격 | マニュアル 매뉴얼, 지침 | しょっちゅう 늘, 자주

5番

女の人と男の人が話しています。女の人はなぜカフェに行って勉強をしますか。

男　再来週から期末テストだから一緒に学校の図書館で勉強しない？

女　私は図書館ではなんか集中できなくて、いつもカフェで勉強してるんだけど。

男　なんで図書館では集中できないの？ カフェの方が人の出入りも多くて勉強できなさそうなんだけどな。

女　図書館は静かすぎるし、パソコンが使える場所も限られてるし、携帯もあまり使えないからいろいろ不便なの。

男　そうか。じゃ、分かった。俺はどちらでもかまわないからカフェに行こう。

女の人はなぜカフェに行って勉強をしますか。

1 図書館は人の出入りが多くて集中できないから
2 男の人と一緒に図書館に行くのが嫌だから
3 図書館は不便なことが多いから
4 お話しながら勉強した方が楽しいから

5번

여자와 남자가 이야기하고 있습니다. 여자는 왜 카페에 가서 공부를 합니까?

남　다다음주부터 기말시험이니까 같이 학교 도서관에서 공부하지 않을래?

여　난 도서관에서는 왠지 집중이 안 돼서 늘 카페에서 공부하는데.

남　왜 도서관에서는 집중이 안 되는데? 카페가 사람들 출입도 많아서 공부가 안 될 것 같은데.

여　도서관은 너무 조용하고, 노트북을 쓸 수 있는 공간도 한정되어 있고, 휴대폰도 잘 못 쓰니까 여러 가지로 불편해.

남　그렇구나. 그럼 알겠어. 난 어느 쪽이든 상관 없으니까 카페에 가자.

여자는 왜 카페에 가서 공부를 합니까?

1 도서관은 사람들의 출입이 많아서 집중할 수 없기 때문에
2 남자와 함께 도서관에 가는 것이 싫기 때문에
3 도서관은 불편한 것이 많기 때문에
4 이야기하면서 공부하는 게 즐겁기 때문에

期末 기말 | 集中 집중 | カフェ 카페 | 出入り 출입, 드나듦 | ～すぎる 너무 ～하다 | 限る 제한하다 | かまわない 상관없다

6番

女の人と男の人が話しています。女の人はなぜ怒っていますか。

女　ねえ、聞いて。人のものを勝手に使うのってどう思う？

男　それはいけないだろう。使っていいのか聞いてからじゃないと。

女　でしょ？ でも、うちの会社の先輩は私の机の上にあるボールペンとか何も言わずに持って行っちゃうし、この間は引き出しまで開けてたよ。大したものじゃないから別に使ってもいいけど。でもやっぱり、それってちょっとね…。

6번

여자와 남자가 이야기하고 있습니다. 여자는 왜 화내고 있습니까?

여　있잖아, 좀 들어봐. 남의 물건을 마음대로 쓰는 거 어떻게 생각해?

남　그건 안 되지. 써도 되냐고 물어보고 써야지.

여　그렇지? 하지만 우리 회사 선배는 내 책상 위에 있는 볼펜 같은 거 말도 없이 가져가 버리고, 지난번에는 서랍까지 열었다니까. 대단한 건 아니니까 써도 되긴 하는데, 그래도 역시 그건 좀….

남　그건 곤란하지. 하지만 선배니까 말하기 힘들겠어.

여　그게 문제야. 앞으로도 아마 아무 말도 못하겠지. 상대방이 싫어한다는 걸 빨리 눈치채면 좋을 텐데.

男　それは困るね。でも先輩だから言いづらそう。

女　そこが問題。これからも多分何も言えないと思う。相手が嫌がってるって早く気付いてくれないかな。

女の人はなぜ怒っていますか。

1 先輩が細かい人だから
2 自分のものを勝手に使われたから
3 大事にしているものを触られたから
4 人が嫌がることをわざとするから

여자는 왜 화내고 있습니까?

1 선배가 까다로운 사람이라서
2 자신의 물건을 마음대로 써서
3 소중하게 생각하는 물건을 만져서
4 다른 사람이 싫어하는 것을 일부러 해서

勝手に 제멋대로, 멋대로 | いけない 바람직하지 않다, 나쁘다 | 引き出し 서랍 | 大した 대단한 | 別に 별로, 특별히 | ～づらい ～하기 힘들다 | 多分 아마, 대개 | 相手 상대 | 嫌がる 싫어하다 | 気付く 깨닫다 | ～てくれる (남이) ～해 주다 | 細かい 까다롭다 | 触る 닿다, 만지다 | わざと 일부러, 고의로

問題3

1番

女の人と男の人が話しています。

男　連休が終わるとなんか仕事に集中できないんだけど…。

女　その気持ち分かる。あっという間に連休、終わっちゃったよね。私も仕事に集中できるようになるまでかなり時間かかった。

男　連休が始まる前の方が気分も上がってもっと楽しくなかった？

女　そうね。明日からずっと休みだと思うと、仕事するのも辛くなかったしね。

男　次の連休、早く来ないかな。

女　その前に終わらせなければならない仕事が山ほどあるけどね…。

男の人は何について話していますか。

1 連休の前は仕事が山ほどある
2 連休の前は仕事がうまく行く
3 連休明けはなかなか仕事ができない
4 次の連休は短い

문제3

1번

여자와 남자가 이야기하고 있습니다.

남　연휴가 끝나면 왠지 일에 집중이 안 되는데….

여　그 기분 알아. 순식간에 연휴가 끝나버렸지. 나도 일에 집중하게 되기까지 꽤 시간이 걸렸거든.

남　연휴가 시작되기 전이 기분도 좋고 더 즐겁지 않았어?

여　맞아. 내일부터 쭉 휴일이라고 생각하니까 일하는 것도 힘들지 않았고.

남　다음 연휴 빨리 안 오려나.

여　그전에 끝내야 할 일이 산더미처럼 있지만….

남자는 무엇에 대해서 이야기하고 있습니까?

1 연휴 전에는 일이 산더미만큼 있다
2 연휴 전에는 일이 잘 된다
3 연휴가 끝나면 좀처럼 일이 되지 않는다
4 다음 연휴는 짧다

連休 연휴 | 集中 집중 | あっという間に 눈 깜짝할 사이에 | 気分が上がる 기분이 좋아지다 | 辛い 괴롭다, 힘들다
～ほど ~만큼, ~정도 | うまく行く 잘 되어가다 | ～明け ~가 지남, ~가 끝남

2番

男の人がスマホのアプリについて話しています。

男　数え切れないほどたくさんあるスマホのアプリの中で、最近注目を浴びているのが、「マエガリ(前借り)」というアプリです。これは給料の一部を給料日より早めにもらえるアプリで、若い世代を中心に広がっています。このアプリを導入する会社も早いスピードで増えているそうです。しかし、このアプリを利用する時はお金を払わなければなりません。お金が必要な人には便利なアプリですが、給料を早めにもらえることで無駄遣いが増えるのではないかという心配の声もあります。

「マエガリ」はどのようなアプリですか。

1 給料の一部を貯金してお金を稼ぐアプリ
2 お金の使い方について教えてくれるアプリ
3 無駄遣いが多い人に役に立つアプリ
4 給料を早めに受け取ることができるアプリ

2번

남자가 스마트폰 앱에 대해서 이야기하고 있습니다.

남　셀 수 없을 정도로 많은 스마트폰 앱 중에서 요즘 주목을 받고 있는 것이 '마에가리'라는 앱입니다. 이것은 월급의 일부를 월급일보다 일찍 받을 수 있는 앱으로 젊은 세대를 중심으로 확산되고 있습니다. 이 앱을 도입하는 회사도 빠른 속도로 늘고 있다고 합니다. 하지만 이 앱을 이용할 때는 돈을 내야 합니다. 돈이 필요한 사람에게는 편리한 앱이지만, 급료를 일찍 받음으로써 불필요한 지출이 많아지는 것은 아닌가 하는 우려의 목소리도 있습니다.

'마에가리'는 어떤 앱입니까?

1 월급의 일부를 저금해서 돈을 버는 앱
2 돈의 사용법에 대해 알려 주는 앱
3 낭비가 많은 사람에게 도움이 되는 앱
4 월급을 일찍 받을 수 있는 앱

スマホ 스마트폰 | アプリ 앱, 애플리케이션 | 数える 세다, 계산하다 | ～切れない 다 ~할 수 없다 | ～ほど ~정도, ~만큼
注目を浴びる 주목을 받다 | 前借り 가불 | 給料 급료, 월급 | 一部 일부 | 給料日 월급날 | ～より ~보다 | 早めに 먼저, 일찍
若い 젊다, 어리다 | 世代 세대 | 中心に 중심으로 | 広がる 퍼지다, 확산되다 | 導入 도입 | スピード 스피드, 속도 | 無駄遣い 낭비
貯金 저금 | 稼ぐ (돈을) 벌다 | 受け取る 받다

3番

女の人が話しています。

女　環境のために使い捨てのものを使わないお店が増えています。カフェではタンブラーを持ってくるお客様には割引をしたり、ストローを使わなくても飲み物が飲めるよう、カップのデザインを変えたりしています。また、お弁当のお店ではお箸やスプーンを提供しなかったり、プラスチックの袋を使わなかったりするそうです。

3번

여자가 이야기하고 있습니다.

여　환경을 위해서 일회용품을 사용하지 않는 가게가 늘고 있습니다. 카페에서는 텀블러를 가지고 오는 손님에게는 할인을 해 주거나, 빨대를 사용하지 않아도 음료수를 마실 수 있도록 컵의 디자인을 바꾸기도 하고 있습니다. 또 도시락 가게에서는 젓가락이나 숟가락을 제공하지 않거나, 비닐봉투를 사용하지 않는다고 합니다.

女の人は何について話していますか。

1 使い捨て用品を使わないための努力
2 品物を割引してもらえる方法
3 様々なタンブラーのデザイン
4 環境に優しい製品を作る方法

여자는 무엇에 대해서 말하고 있습니까?

1 일회용품을 쓰지 않기 위한 노력
2 물품을 할인 받을 수 있는 방법
3 다양한 텀블러 디자인
4 친환경적인 제품을 만드는 방법

環境 환경 | 使い捨て 일회용 | カフェ 카페 | タンブラー 텀블러 | 割引 할인 | ストロー 빨대 | ～よう ～하도록
デザイン 디자인 | 箸 젓가락 | 提供 제공 | プラスチックの袋 비닐봉투, 비닐봉지 | 用品 용품 | 努力 노력
様々だ 다양하다, 여러 가지이다 | 品物 물품, 물건 | ～に優しい ～에 해가 되지 않다, 친～적이다 | 製品 제품

問題 4

문제4

1 番

クーラーで事務室がとても寒いです。何と言いますか。

女 1 温度を上げてもいいですか。
2 鍵をかけてください。
3 カーテンをあけましょう。

1번

에어컨 때문에 사무실이 너무 춥습니다. 뭐라고 말합니까?

여 1 온도를 올려도 될까요?
2 자물쇠를 거세요.
3 커튼을 걷읍시다.

クーラー 에어컨 | 事務室 사무실 | 温度 온도 | 鍵をかける 자물쇠를 걸다 | カーテンをあける 커튼을 걷다

2 番

会社で同僚より早く退社します。何と言いますか。

男 1 お先に失礼します。
2 今日はご馳走さまでした。
3 終わらせていただきます。

2번

회사에서 동료보다 일찍 퇴근합니다. 뭐라고 말합니까?

남 1 먼저 실례하겠습니다.
2 오늘은 잘 먹었습니다.
3 끝내겠습니다.

同僚 동료 | ～より ～보다 | 退社 퇴근 | ご馳走さま 잘 먹었습니다 | ～ていただく (남이) ～해 주다〈～てもらう의 겸양어〉

3 番

注文したものを家で食べたいです。何と言いますか。

男 1 お会計お願いします。
2 持ち帰りでお願いします。
3 プレゼント用にしてください。

3번

주문한 것을 집에서 먹고 싶습니다. 뭐라고 말합니까?

남 1 계산해 주세요.
2 포장해 주세요.
3 선물용으로 해 주세요.

注文 주문 | お会計 계산, 대금 지불 | 持ち帰り 가지고 돌아감, 포장 | ～用 ～용

4番

図書館で借りた本をもっと読みたいです。何と言いますか。

女　1　貸し出し、延長できますか。
　　2　借りた本はどこに返せばいいですか。
　　3　コピーしてもいいですか。

4번

도서관에서 빌린 책을 더 읽고 싶습니다. 뭐라고 말합니까?

여　1　대출 연장할 수 있어요?
　　2　빌린 책은 어디에 반납하면 돼요?
　　3　복사해도 돼요?

貸し出し 대출, 빌림 | 延長 연장

問題5

문제5

1番

女　先輩、今日の食事代は私に払わせてください。
男　1　今日はご馳走しようかな。
　　2　じゃあ、今日はご馳走になろうかな。
　　3　この間はご馳走様でした。

1번

여　선배님, 오늘 식사비는 제가 내게 해 주세요.
남　1　오늘은 한턱 낼까?
　　2　그럼 오늘은 얻어 먹을까?
　　3　지난번에는 잘 먹었습니다.

食事代 식사비 | ご馳走 손님을 대접함, 한턱 내다 | ご馳走様 잘 먹었습니다

2番

男　高橋さん、会社を辞めるらしいよ。
女　1　いいな。私も行きたい。
　　2　私も聞いたけど、すごい決心だね。
　　3　そろそろ仕事に慣れてきたみたいよ。

2번

남　다카하시 씨 회사 그만둔대.
여　1　좋겠다. 나도 가고 싶다.
　　2　나도 들었는데 대단한 결심이네.
　　3　슬슬 일이 익숙해진 것 같아.

辞める 그만두다, 사직하다 | ～らしい ~라고 한다 | 決心 결심 | そろそろ 슬슬 | ～てくる ~해지다, ~해 오다
～みたいだ ~인 것 같다

3番

女　わざわざお越しいただき、申し訳ございません。
男　1　勝手なことを言ってすみません。
　　2　いいえ、まだまだです。
　　3　いいえ、とんでもないです。

3번

여　일부러 와 주시다니 죄송합니다.
남　1　제멋대로 말해서 죄송합니다.
　　2　아니요. 아직 멀었어요.
　　3　아니요. 무슨 말씀을요.

わざわざ 일부러 | お越しいただき 와 주셔서 | 勝手だ 제멋대로이다 | まだまだ 아직 | とんでもない 터무니 없다, 당치도 않다

4番

女　ちょっと言い過ぎじゃありませんか。

男　1 言いたいことはそれだけです。

2 言うのは簡単ですが、守るのは大変です。

3 それはこっちのセリフです。

4번

여　말이 너무 지나친 거 아니에요?

남　1 하고 싶은 말은 그것뿐입니다.

2 말하는 건 간단하지만, 지키는 건 힘듭니다.

3 그건 제가 하고 싶은 말입니다.

言い過ぎ 말이 지나침 | 守る 지키다 | こっち 여기, 이쪽 | セリフ 대사, 할 말

5番

女　台風の影響で電車が遅れているらしいよ。

男　1 バスより自転車の方が楽です。

2 現在、台風は発生していません。

3 どうしよう。待ち合わせの時間に遅れそう。

5번

여　태풍 때문에 전철이 늦어지고 있대.

남　1 버스보다 자전거가 더 편해요.

2 현재 태풍은 발생하지 않았습니다.

3 어떡하지. 약속 시간에 늦겠다.

台風 태풍 | 影響 영향 | 遅れる 늦다 | ～らしい ～라고 한다 | ～より ～보다 | 現在 현재 | 発生 발생 | 待ち合わせ 약속

6番

女　さっきからずっとお腹が鳴ってますよ。

男　1 実は朝から何も食べてないんです。

2 実は昨日たくさん泣いたんです。

3 実はちょっと寝たんです。

6번

여　아까부터 계속 배에서 소리가 나요.

남　1 실은 아침부터 아무것도 안 먹었거든요.

2 실은 어제 많이 울었거든요.

3 실은 조금 잤거든요.

お腹が鳴る 배에서 소리가 나다 | 実は 실은, 사실은

7番

男　部長の田中はただいま席を外しておりますが…。

女　1 伝言をお願いしてもいいですか。

2 電話を代わってもらえますか。

3 ここの席は空いています。

7번

남　다나카 부장님은 지금 자리를 비우셨는데요….

여　1 말씀 좀 전해 주시겠어요?

2 전화를 바꿔 주시겠어요?

3 이 자리는 비어 있습니다.

席を外す 자리를 비우다 | 伝言 전언 | 電話を代わる 전화를 바꿔주다 | ～てもらう (남이) ～해 주다 | 空く 비다, 차지하지 않다

8番

男　今学期の時間割、見た？

女　1　ううん、またお皿を割っちゃったの。

　　2　ううん、お水で割って飲むのがいい。

　　3　ううん、何で？ 何かある？

8번

남　이번 학기 시간표 봤어?

여　1　아니, 또 접시 깼어.

　　2　아니, 물을 타서 마시는 게 좋아.

　　3　아니, 왜? 뭐 있어?

> 今学期 이번 학기 | 時間割 수업 시간표 | 皿 접시 | 割る 깨다, 깨뜨리다 | お水で割る 물을 타다, 물로 희석시키다

9番

女　明日から梅雨が始まるんだって。

男　1　長靴を出さないと。

　　2　久しぶりに晴れたね。

　　3　明日は洗濯をしないと。

9번

여　내일부터 장마가 시작된대.

남　1　장화 꺼내야겠다.

　　2　오랜만에 갰네.

　　3　내일은 빨래해야겠다.

> 長靴 장화 | 晴れる (날씨가) 개다, 맑다 | 洗濯 세탁, 빨래

4회

問題1

1番

女の人がレストランで注文しています。店の人はこの後、どの順番で持って行けばいいですか。

女　すいません、注文をお願いします。

男　はい。

女　あの、このミートソーススパゲッティと、コーンスープをください。あと、デザートにチョコレートケーキもお願いします。

男　かしこまりました。ミートソーススパゲッティは、少々お時間がかかりますが、よろしいでしょうか。

女　はい。大丈夫です。

男　よろしければ、先にコーンスープをお持ちしましょうか。

女　はい、お願いします。

男　はい。では、お飲み物はいかがなさいますか。デザートセットにされますと、プラス１００円でお飲み物をお付けできますよ。

女　じゃ、アイスコーヒーをお願いします。

男　かしこまりました。お飲み物は最後にデザートと一緒にお持ちしましょうか。

女　いえ、喉が渇いているので最初に持ってきてください。

店の人はこの後、どの順番で持って行けばいいですか。

1 ア　イ　ウ　エ
2 ウ　イ　ア　エ
3 ウ　イ　エ　ア
4 イ　ウ　ア　エ

문제1

1번

여자가 레스토랑에서 주문하고 있습니다. 가게 직원은 앞으로 어떤 순서로 가지고 가야 합니까?

여　여기요, 주문할게요.

남　네.

여　저, 이 미트 소스 스파게티랑 콘 스프 주세요. 그리고 디저트로 초콜릿 케이크도 주세요.

남　알겠습니다. 미트 소스 스파게티는 조금 시간이 걸리는데, 괜찮으신가요?

여　네, 괜찮아요.

남　괜찮으시면, 먼저 콘 스프를 가져다 드릴까요?

여　네, 그렇게 해 주세요.

남　네. 그럼, 음료는 어떻게 하시겠어요? 디저트 세트로 하시면 100엔만 추가하시면 음료가 포함됩니다.

여　그럼, 아이스 커피로 주세요.

남　알겠습니다. 음료는 마지막에 디저트와 같이 드릴까요?

여　아니요, 목이 마르니까 제일 먼저 가져다 주세요.

가게 직원은 앞으로 어떤 순서로 가지고 가야 합니까?

1 미트 소스 스파게티–콘 스프–아이스 커피–초콜릿 케이크
2 아이스 커피–콘 스프–미트 소스 스파게티–초콜릿 케이크
3 아이스 커피–콘 스프–초콜릿 케이크–미트 소스 스파게티
4 콘 스프–아이스 커피–미트 소스 스파게티–초콜릿 케이크

注文 주문 | 順番 순서 | ミートソーススパゲッティ 미트 소스 스파게티 | コーンスープ 콘 스프 | デザート 디저트, 후식
チョコレートケーキ 초콜릿 케이크 | 少々 조금, 잠시 | 先に 먼저, 미리 | される 하시다〈するの 존경어〉 | プラス 더하기, 추가
付け 붙임, 포함 | アイスコーヒー 아이스 커피 | 喉が渇く 목이 마르다, 갈증이 나다

2番

会社で女の人と男の人が話しています。女の人はまず、何をしますか。

男　伊藤さん、会議の資料を大至急お願いしたいんだけど。今、忙しい？
女　今、報告書を作成しているところなんです。
男　あ、それ来週までだよね。後で僕も手伝うから、こっちを先にしてもらえないかな？
女　会議の資料って結構時間かかりますか。私、会議室の手配などもあるので…。
男　僕がある程度資料を集めておいたから、後はまとめるだけだよ。そんなにかからないと思うけど。会議の手配ってあと、何をしなきゃいけないの？
女　会議室の予約と、コーヒーの注文です。
男　それくらいなら、僕が新入社員に頼んでおくよ。だから、伊藤さんはこっちを頼むよ。
女　分かりました。

女の人はまず、何をしますか。

1 報告書を作成する
2 会議の資料を作る
3 会議室の予約をする
4 コーヒーを注文する

2번

회사에서 여자와 남자가 이야기하고 있습니다. 여자는 우선 무엇을 합니까?

남　이토 씨, 회의 자료를 급히 부탁하고 싶은데, 지금 바빠?
여　지금 보고서를 작성하고 있는 중인데요.
남　아, 그거 다음 주까지였지. 나중에 나도 도울 테니까 이거 먼저 해 줄 수 있어?
여　회의 자료는 시간이 많이 걸리나요? 저 회의실 준비도 해야 해서….
남　내가 어느 정도는 자료를 모아 놓았으니 정리만 하면 돼. 그렇게 시간은 안 걸릴 것 같은데. 회의 준비로 또 뭘 해야 해?
여　회의실 예약이랑 커피 주문이요.
남　그 정도라면 내가 신입사원한테 부탁해 놓을게. 그러니까 이토 씨는 이걸 부탁해.
여　알겠습니다.

여자는 우선 무엇을 합니까?

1 보고서를 작성한다
2 회의 자료를 만든다
3 회의실을 예약한다
4 커피를 주문한다

資料 자료 | 大至急 몹시 급함 | 報告書 보고서 | 作成 작성 | ~ているところ ~하고 있는 중 | 先に 먼저, 미리
~てもらう (남이) ~해 주다 | 会議室 회의실 | 手配 준비 | ある程度 어느 정도 | ~ておく ~해두다 | まとめる 합치다, 정리하다
予約 예약 | 注文 주문 | 新入社員 신입사원

3番

女の人と男の人が話しています。女の人はこの後何をしますか。

男　もしもし。今、家にいる？
女　いるけど、こんな時間に電話なんて…。仕事はどうしたの？
男　実は出張先のどこかで財布を落としてしまったみたいなんだ。
女　え、大変じゃない。警察には行ったの？
男　行ったけど、まだ見つからなくって。
女　予備のお金とかはあるの？ こっちには戻れそ

3번

여자와 남자가 이야기하고 있습니다. 여자는 이후에 무엇을 합니까?

남　여보세요. 지금 집에 있어?
여　있는데, 이 시간에 전화하다니…. 일은 어쩌고?
남　실은 출장지 어딘가에서 지갑을 잃어버린 것 같아.
여　뭐? 큰일이잖아. 경찰서에는 갔어?
남　갔는데 아직 못 찾아서.
여　비상금 같은 거 있어? 집에는 돌아올 수 있을 거 같아?
남　그게, 돈도 없고, 지갑에 돌아가는 편 티켓이 들어

う？

男　それが…、お金もないし、財布に帰りの切符が入ってたんだけど、それもないから、帰れそうになくって…。悪いけど、現金もってこっち来てくれるかな？

女　出張って大阪よね？ 分かったわ。今から銀行行ってお金おろしてからそっちに行くわ。

男　あ、それと、悪いんだけど、ついでに、黒いネクタイも頼むよ。昨日、部長のお母さんがお亡くなりになられたらしくって、そっちに着いたらまずお葬式に行かなくちゃいけないんだ。

女　え、家に黒いネクタイなかったわよ。着いたら一緒に買いに行きましょう。

男　うん。じゃ、悪いけど頼むよ。

女の人はこの後何をしますか。

1 大阪行きの切符を買う
2 銀行でお金をおろす
3 ネクタイを買いに行く
4 お葬式に行く

있었는데 그것도 없으니까 못 갈 것 같아서…. 미안한데 현금 가지고 이쪽으로 와 줄 수 있어?

여　출장지 오사카였지? 알았어. 지금 은행 갔다가 돈 찾아서 그쪽으로 갈게.

남　아, 그리고 미안한데, 오는 김에 까만 넥타이도 부탁해. 어제 부장님 어머니께서 돌아가셨다고 해서, 그쪽에 도착하면 먼저 장례식장에 가야 하거든.

여　어? 집에 까만 넥타이 없었는데. 도착하면 같이 사러 가자.

남　응, 그럼 미안하지만 부탁해.

여자는 이후에 무엇을 합니까?

1 오사카 행 티켓을 산다
2 은행에서 돈을 찾는다
3 넥타이를 사러 간다
4 장례식장에 간다

実は 실은, 사실은 | 出張先 출장지 | 落とす 떨어뜨리다, 잃어버리다 | 見つかる 발견되다 | 予備 여분 | 帰り 돌아옴 | 現金 현금 | 出張 출장 | お金をおろす 은행에서 돈을 인출하다 | ついでに ~하는 김에 | 亡くなる 사망하다 | 着く 도착하다 | 葬式 장례식 | ~行き ~행

4番

会社で女の人と男の人が話しています。二人はこのあと何をしますか。

男　木村さん、社長が今日のお昼、好きなもの食べていいって。

女　え、なんで？ いつもの社員食堂じゃなくって？

男　うん。なんか、いいことがあったらしいよ。

女　へえ～、そうなんだ。じゃ、どうする？

男　この前、テレビに出て有名になったステーキレストランは？

女　あ～、あそこは前に彼氏と行ったことがあるけど、並んで食べるほどではなかったよ。

男　じゃあ、駅前のラーメンとか？ お昼時はいつ

4번

회사에서 여자와 남자가 이야기하고 있습니다. 두 사람은 이후에 무엇을 합니까?

남　기무라 씨, 사장님이 오늘 점심 좋아하는 거 먹어도 된다고 하셔.

여　어? 왜? 항상 가는 사원 식당 아니고?

남　응, 뭔가 좋은 일이 있으셨나 봐.

여　어머, 그렇구나. 그럼 뭘로 하지?

남　지난번에 텔레비전에 나와서 유명해진 스테이크 레스토랑은?

여　아, 거기는 전에 남자친구랑 간 적이 있는데, 줄 서서 먹을 정도는 아니었어.

남　그럼, 역 앞의 라면은? 점심 때 항상 줄 서 있으니까 분명 맛있을 거야.

も並んでるから美味しいのは間違いないよ。

女　外は暑いし、並んで食べるのはちょっと…。

男　じゃ、ピザでも注文する？ 今、予約しといたら12時には来てくれるんじゃないかな。

女　そうね。でもどうせ食べるなら寿司の出前はどうかしら？

男　うん、僕は何でもかまわないよ。

女　じゃ、決まりね。

二人はこのあと何をしますか。

1 ステーキレストランに行く
2 駅前のラーメン屋に行く
3 ピザの予約をする
4 寿司の予約をする

여　밖은 덥고, 줄 서서 먹는 건 좀….

남　그럼 피자라도 주문할까? 지금 예약하면 12시에는 오지 않을까?

여　그러네. 그런데, 이왕 먹을 거면 초밥 배달은 어때?

남　응, 난 아무거나 괜찮아.

여　그럼, 결정했다.

두 사람은 이후에 무엇을 합니까?

1 스테이크 레스토랑에 간다
2 역 앞의 라면 가게에 간다
3 피자 예약을 한다
4 초밥 예약을 한다

社員 사원 | ～らしい ~인 것 같다 | 並ぶ 줄을 서다 | ～ほどではない ~할 정도는 아니다 | 間違いない 틀림없다 | 注文 주문 | 予約 예약 | ～とく(～ておく) ~해 두다 | ～てくれる (남이) ~해 주다 | どうせ 이왕, 내친 김에 | 寿司 초밥 | 出前 배달 | かまわない 상관없다 | 決まり 결정

5番

女の人と男の人が話しています。男の人はこの後まず何をしますか。

男　最近、仕事のストレスで、体が重いんだあ。頭も痛いし…。

女　あら、大丈夫？ 病院には行ったの？

男　うん、行ったよ。でもどこも悪くないって。先生は心の問題だろうって。

女　だったら運動でも始めてみたら？ 運動すると気分がすっきりするよ。よかったら、私が通ってるスポーツジム紹介しようか？

男　それはありがたいんだけど…。僕、運動、苦手だし…。

女　だったら、私が使ってないヨガのＤＶＤ、貸してあげようか？ 私もそのＤＶＤがきっかけでヨガに興味を持つようになって、今月からヨガ教室に通ってるんだ。運動苦手な人にヨガ教室は結構お勧めだよ。

男　それ、いいね。じゃあ、まずは、お金がかからないことから挑戦しようかな。

5번

여자와 남자가 이야기하고 있습니다. 남자는 이후에 먼저 무엇을 합니까?

남　요즘, 일 스트레스 때문에 몸이 무거워. 머리도 아프고….

여　어머, 괜찮아? 병원엔 갔어?

남　응, 갔지. 근데 다 이상 없대. 선생님은 마음의 문제일 거라고.

여　그럼 운동이라도 시작해 보는 게 어때? 운동하면 기분이 상쾌해져. 괜찮으면 내가 다니는 헬스클럽 소개할까?

남　그건 고마운데. 나, 운동 잘 못해서….

여　그럼 내가 안 보는 요가 DVD 빌려 줄까? 나도 그 DVD 때문에 요가에 흥미를 가지게 돼서, 이번 달부터 요가 교실에 다니거든. 운동 잘 못하는 사람한테 요가 교실은 꽤 추천해.

남　그거 괜찮겠다. 그럼 일단은 돈이 안 드는 것부터 도전해 볼까?

男の人はこの後まず何をしますか。

1 病院に行く
2 ヨガ教室に行く
3 DVDを借りる
4 スポーツジムに行く

남자는 이후에 먼저 무엇을 합니까?

1 병원에 간다
2 요가 교실에 간다
3 DVD를 빌린다
4 헬스클럽에 간다

ストレス 스트레스 | すっきり 상쾌한 모양, 시원함 | 通う 다니다 | スポーツジム 체육관, 헬스클럽 | 苦手だ 잘 못하다, 서투르다
ヨガ 요가 | ~てあげる ~해 주다 | きっかけ 계기, 시작 | 興味 흥미 | お勧め 추천 | 挑戦 도전

6番

留守番電話のメッセージを聞いています。メッセージを聞いた人はこの後まず何をしますか。

女 もしもし、お父さん、美香だよ。携帯の番号が違うからびっくりしたでしょ？ 実は自分の携帯、家に置いてきちゃって…。だから、友達の携帯貸してもらってお父さんに電話したんだ。実は今、図書館なんだけど、雨と風がすごくって、友達も私も傘を持ってないから、家に帰れそうにないんだ。悪いんだけど、私の携帯と傘を持って私たちのこと、迎えに来てくれないかな。携帯はたぶん、リビングのどこかにあると思うから、探して持ってきてほしんだけど…。とりあえず、このメッセージ聞いたらすぐこの番号に連絡ちょうだい。それまでは図書館で勉強してるから。

メッセージを聞いた人はこの後まず何をしますか。

1 女の人を図書館に迎えに行く
2 女の人の携帯を探す
3 女の人に傘を渡しに行く
4 女の人の友達に電話する

6번

부재중 전화 메시지를 듣고 있습니다. 메시지를 들은 사람은 이후에 먼저 무엇을 합니까?

여 여보세요. 아빠, 미카예요. 휴대폰 번호가 달라서 깜짝 놀랐죠? 실은 제 휴대폰 집에 놓고 와서…. 그래서 친구 휴대폰 빌려서 아빠한테 전화한 거예요. 지금 도서관인데, 비바람이 굉장한데, 친구도 나도 우산을 안 가지고 와서 집에 갈 수가 없어요. 죄송하지만 제 휴대폰이랑 우산 가지고 저희 마중 오실 수 있어요? 휴대폰은 아마 거실 어딘가에 있을 테니까, 찾아서 갖다 주세요. 일단 이 메시지 들으시는 대로 이 번호로 전화 좀 주세요. 그때까지 도서관에서 공부하고 있을게요.

메시지를 들은 사람은 이후에 먼저 무엇을 합니까?

1 도서관에 여자를 마중하러 간다
2 여자의 휴대폰을 찾는다
3 여자에게 우산을 가져다 주러 간다
4 여자의 친구에게 전화한다

留守番電話 부재중 전화, 자동응답기 | メッセージ 메시지 | 携帯 휴대폰 | 実は 실은, 사실은 | ~てもらう (남이) ~해 주다
悪い 미안하다, 실례가 되다 | 迎える 마중하다 | たぶん 아마 | リビング 거실 | とりあえず 우선, 일단
ちょうだい 주세요, ~해 주세요

問題2

1番

女の人と男の人が話しています。女の人はどうして家族だけの結婚式にしたいと言っていますか。

男　そろそろ、結婚式場の予約しないとな。

女　ええ、そうね。この前、友達に結婚式の写真を見せてもらったんだけどね、それが、とっても素敵だったのよ。その友達は、ハワイで家族だけの結婚式を挙げててね。

男　へえ～。でも、その友達はなんで家族だけの結婚式をしたの？

女　人前に出て目立つことが好きじゃないみたいで。人前に出るとすごく緊張してストレスになるんだって。

男　そういう事情があったんだ。でも、僕たちは違うじゃん。

女　まあね。でも、やっぱり呼ぶ人が少ない方が、費用も少なくて済むじゃない？ その分、私たちは新婚旅行に使いましょうよ。新婚旅行はハワイに行きたいなあ。

男　分かったよ。じゃ、ハワイに行くためにも結婚式は家族だけでしよう。

女の人はどうして家族だけの結婚式にしたいと言っていますか。

1 海外で結婚式がしたいから
2 恥ずかしいから
3 ストレスが溜まるから
4 節約できるから

문제2

1번

여자와 남자가 이야기하고 있습니다. 여자는 어째서 결혼식을 가족끼리만 하고 싶다고 말하고 있습니까?

남　슬슬 결혼식장 예약해야지.

여　응, 그러네. 지난번에 친구가 결혼식 사진을 보여줬는데 아주 근사했어. 그 친구는 하와이에서 가족들끼리만 결혼식을 올렸거든.

남　우아. 그런데 그 친구는 왜 가족끼리만 결혼식을 올린 건데?

여　사람들 앞에서 주목 받는 걸 별로 안 좋아하나 봐. 사람들 앞에 서면 너무 긴장해서 스트레스 받는대.

남　그런 사정이 있었구나. 하지만 우린 안 그렇잖아.

여　뭐 그렇지. 하지만 역시 부를 사람이 적으면 비용도 적게 들지 않을까? 그만큼 우린 신혼여행에 쓰자. 신혼여행은 하와이로 가고 싶어.

남　알았어. 그럼 하와이에 가기 위해서라도 결혼식은 가족끼리만 하자.

여자는 어째서 결혼식을 가족끼리만 하고 싶다고 말하고 있습니까?

1 해외에서 결혼식을 하고 싶기 때문에
2 부끄럽기 때문에
3 스트레스가 쌓이기 때문에
4 절약할 수 있기 때문에

結婚式 결혼식 | そろそろ 슬슬 | 式場 식장 | 予約 예약 | ～てもらう (남이) ~해 주다 | 素敵だ 멋지다, 근사하다 | ハワイ 하와이 | 挙げる 거행하다, (식을) 올리다 | 人前 남 앞, 사람들 앞 | 目立つ 눈에 띄다, 두드러지다 | 緊張 긴장 | ストレス 스트레스 | 事情 사정 | 費用 비용 | 済む 해결되다, 끝나다 | その分 그만큼 | 新婚 신혼 | 海外 해외 | 溜まる 쌓이다, 밀리다 | 節約 절약

2番

友達同士の女の子と男の子が待ち合わせ場所で話しています。女の子はどうして制服が好きじゃないと言っていますか。

男　どうしたの？珍しいね、制服なんて。

女　うん、今日は家に帰って着替える時間がなくって。私、あんまり、制服好きじゃないんだけど…。

男　え、どうして？

女　女子の制服といったらスカートって決められてる学校も多いからね。スカートよりズボンがいいっていう子は制服、嫌いなんじゃない？それに、校則でミニスカート禁止とか、靴下は白じゃないといけないとか、制服は決まりが多いから嫌って言う子もいたよ。ファッションが好きな子は特にね。

男　そうなんだ。知らなかったよ。

女　でも、私は見た目より実用性をどうにかしてほしいな。例えば、女子の制服は冬でも足を出さなきゃいけないから寒いし。男子も夏でも長ズボンだから暑いでしょ？

男　確かに。そうかも。

女の子はどうして制服が好きじゃないと言っていますか。

1 個性が出せないから
2 スカートが嫌いだから
3 似合わないから
4 実用的じゃないから

2번

친구 사이인 여자아이와 남자아이가 약속 장소에서 이야기하고 있습니다. 여자아이는 어째서 교복을 좋아하지 않는다고 말하고 있습니까?

남　웬일이야? 별일이네, 교복을 다 입고.

여　응, 오늘은 집에 돌아가서 옷 갈아입을 시간이 없어서. 나 별로 교복 안 좋아하지만….

남　어? 왜?

여　여자 교복이라고 하면 치마로 정해져 있는 학교도 많잖아. 치마보다 바지를 좋아하는 사람은 교복을 안 좋아하지 않아? 게다가 교칙에 미니 스커트는 금지라든지, 양말은 흰색이어야만 한다든지, 교복은 정해진 게 많으니까 싫다고 하는 애도 있었어. 패션을 좋아하는 애는 특히나.

남　그렇구나. 몰랐어.

여　하지만 난 모양보다 실용성을 어떻게 좀 해 줬으면 좋겠어. 예를 들어, 여자 교복은 겨울에도 다리를 드러내야 하니까 춥고. 남자도 여름에도 긴 바지라서 덥지?

남　하긴. 그런 거 같아.

여자아이는 어째서 교복을 좋아하지 않는다고 말하고 있습니까?

1 개성을 드러낼 수 없기 때문에
2 치마를 싫어하기 때문에
3 어울리지 않기 때문에
4 실용적이지 않기 때문에

～同士 ～사이임 | 待ち合わせ 약속 | 制服 교복 | 珍しい 드물다 | 着替える 옷을 갈아입다 | 女子 여자 | ズボン 바지 | 校則 교칙 | 禁止 금지 | 決まり 규칙 | ファッション 패션 | 見た目 겉보기, 볼품 | 実用性 실용성 | どうにか 어떻게 | 個性 개성 | 実用的 실용적

3番

女の人と男の人が話しています。男の人はどうして占いを信じませんか。

男　どうしたの？ 浮かない顔して。

女　朝の情報番組でね、占いやってたんだけど、今日の星座占い、私最下位だったんだ。それで…。

男　あ～、毎朝やってるやつね。そんなの信じてるんだ？

女　非科学的だって、信じない人もいるけど、私、占いで、当たったことがあるから、それからずっと信じちゃって。それに、信じなかったらなんだか悪いことが起こる気がして。

男　でも、朝の占いコーナーって番組によって結果が違うから、あんまり信用できないよ。

女　確かに、そうなんだよね。それに悪い結果だと、朝から気分が悪いしね。

男　自分自身を信じるようにすれば、自然にいいことが起こるようになるよ。占いを信じるのもいいけど、重要なことほど、誰かに頼らない方が後で後悔しないと思うな。

男の人はどうして占いを信じませんか。

1 科学的根拠がないから
2 当たった経験がないから
3 自分の決断しか信じないから
4 悪い結果の時は気分が悪いから

3번

여자와 남자가 이야기하고 있습니다. 남자는 어째서 점을 믿지 않습니까?

남　왜 그래? 뚱한 얼굴로….

여　아침 정보 프로그램에서 점을 보는데, 오늘의 별자리 점, 내가 최하위였어. 그래서….

남　아~, 매일 아침에 하는 거. 그런 거 믿어?

여　비과학적이라며 안 믿는 사람도 있지만 난 점이 맞은 적이 있어서 그 때부터 계속 믿어. 그리고 안 믿으면 왠지 안 좋은 일이 일어날 것만 같아서.

남　하지만 아침 점 코너는 프로그램에 따라 결과가 달라서 별로 믿음이 안 가.

여　하긴, 그렇긴 하더라. 게다가 결과가 나쁘면 아침부터 기분도 나쁘고.

남　자기자신을 믿게 되면 자연스럽게 좋은 일이 생기게 돼. 점을 믿는 것도 좋지만, 중요한 일일수록 누군가에게 의지하지 않는 편이 나중에 후회하지 않을 거라고 생각해.

남자는 어째서 점을 믿지 않습니까?

1 과학적 근거가 없기 때문에
2 맞은 경험이 없기 때문에
3 자신의 결단 밖에 믿지 않기 때문에
4 결과가 나쁠 때는 기분이 나쁘기 때문에

占い 점 | 信じる 믿다 | 情報番組 정보 프로그램 | 星座 별자리 | 最下位 최하위 | 非科学的 비과학적 | 当たる 들어맞다
起こる 일어나다, 발생하다 | 気がする 기분이 들다, 생각이 들다 | ～によって ～에 따라 | 結果 결과 | 信用 신용, 믿음
確かに 분명히, 확실히 | 自分自身 자기자신 | 自然に 자연히 | 重要だ 중요하다 | ～ほど ～일수록 | 頼る 의지하다 | 後悔 후회
科学的 과학적 | 根拠 근거 | 経験 경험 | 決断 결단 | ～しか ～만, ～밖에

4番

夫婦二人が話しています。妻はどうして悩んでいますか。

女　今週の土曜日、あなた出張よね？

男　ああ、そうだけど。

女　今週の土曜日、結婚式があるんだけど、ゆうきとはるき、どうしようかな？

4번

부부 두 사람이 이야기하고 있습니다. 아내는 왜 고민하고 있습니까?

여　이번 주 토요일에 당신 출장이지?

남　어, 그런데.

여　이번 주 토요일에 결혼식이 있는데 유키랑 하루키 어떡하지?

男　一緒に連れて行ったら？迷惑かな？
女　そうね。あの子達、最近言うこと聞かないし、けんかもよくするから、連れて行っていいものか悩んでて…。
男　そうだな。僕が休みだったら面倒見るんだけど…。
女　姉さんに頼んでみようかとも思ったんだけどね。姉さんの家には受験生のさやかちゃんがいるから、勉強の邪魔になっちゃいそうで…。
男　そうだな。うちの子達と正反対の子だからな。
女　そうなのよ。だから、あの子達見てくれる人がいないならベビーシッターにでも頼まなきゃいけないかしら。

妻はどうして悩んでいますか。

1 子供達が言うことを聞かないから
2 子供達を預けるところがないから
3 子供達が兄弟げんかをするから
4 子供達が勉強しないから

남　같이 데리고 가면? 민폐려나?
여　그러게. 애들이 요즘 말도 안 듣고, 잘 싸우니까 데리고 가도 될지 고민되네….
남　그러게 말이야. 내가 쉬는 날이면 보면 되는데….
여　언니한테 부탁해볼까도 했는데. 언니 집에는 수험생인 사야카가 있으니까 공부하는 데 방해가 될 것 같고….
남　맞아. 우리 아이들하고는 정반대인 아이니까.
여　그러니까 말이야. 그래서 애들 봐 줄 사람 없으면 베이비 시터한테라도 부탁해야겠어.

아내는 왜 고민하고 있습니까?

1 아이들이 말을 안 듣기 때문에
2 아이들을 맡길 곳이 없기 때문에
3 아이들이 서로 싸우기 때문에
4 아이들이 공부를 안 하기 때문에

悩む 고민하다 | 出張 출장 | 結婚式 결혼식 | 連れる 데려가다 | 迷惑 민폐, 성가심 | 言うことを聞く 말을 듣다, 명령에 따르다 | 面倒を見る 돌봐주다 | 受験生 수험생 | 邪魔になる 방해가 되다 | 正反対 정반대 | ベビーシッター 베이비 시터 | 預ける 맡기다

5番

会社で男の人と女の人がビジネス敬語について話しています。男の人はどうやってビジネス敬語を身につけたと言っていますか。

女　あ、この前、駅前のビルで高橋さん、見かけましたよ。
男　僕、あのビルの中でやってるビジネスマナー講座に通ってるんです。
女　へえ～、そうだったんですか。
男　この会社に入社してから、ビジネスマナーを知らないと恥ずかしいことが多くなって。それで、その講座を受講することにしたんです。
女　いいですね。私も行ってみたいなあ。どんなことを習うんですか。
男　身だしなみやお茶の出し方、それに電話対応とかいろいろです。すごく役に立ちますよ。

5번

회사에서 남자와 여자가 비즈니스 경어에 대해서 이야기하고 있습니다. 남자는 어떻게 비즈니스 경어를 익혔다고 말하고 있습니까?

여　아, 지난번에 역 앞 건물에서 다카하시 씨 봤어요.
남　저 그 건물에서 하는 비즈니스 매너 강좌를 들으러 다니거든요.
여　어머, 그래요?
남　이 회사에 입사하고 나서 비즈니스 매너를 모르면 부끄러울 일이 많아져서요. 그래서 그 강좌를 수강하기로 했어요.
여　좋네요. 나도 가 보고 싶다. 어떤 걸 배우는데요?
남　몸가짐이나 차 끓이는 방법, 그리고 전화 응대 등 여러 가지예요. 아주 도움이 되더라고요.
여　다카하시 씨가 비즈니스 경어를 잘하시는 것도 이유가 있었네요.

女　高橋さんがビジネス敬語、上手なのには理由があったんですね。

男　上手だなんて、そんな…。講座の先生に相談したら、いい本を紹介してもらって、それで勉強したんです。小林さんにもお貸ししましょうか。

女　いいんですか。お願いします。

男の人はどうやってビジネス敬語を身につけたと言っていますか。

1 マナー講座で勉強した

2 部長に教わった

3 仕事の中で自然に覚えた

4 本を読んで勉強した

남　잘하기는요. 강좌 선생님께 상의했더니 좋은 책을 소개해 주셔서 그걸로 공부했어요. 고바야시 씨께도 빌려 드릴까요?

여　그래도 돼요? 부탁 드릴게요.

남자는 어떻게 비즈니스 경어를 익혔다고 말하고 있습니까?

1 매너 강좌에서 공부했다

2 부장님께 배웠다

3 일을 하면서 자연스럽게 외웠다

4 책을 읽고 공부했다

ビジネス 비즈니스 | 敬語 경어 | 身につける 배워 익히다 | 見かける 눈에 띄다, 만나다 | マナー 예의, 예절 | 講座 강좌 | 通う 다니다 | 入社 입사 | 受講 수강 | 身だしなみ 몸가짐 | お茶の出し方 차 끓이는 법 | 対応 대응, 응대 | 理由 이유 | 教わる 배우다 | 自然に 자연히 | 覚える 익히다, 배우다

6番

男の人と女の人が話しています。二人はどうして車で行きませんか。

男　ごめん。来週の旅行、車で行けなくなっちゃった。

女　え、急に何で？故障でもした？

男　いや、この前、兄が友達と長距離旅行に行ってきたんだけど、家に帰る途中で、事故に遭っちゃって。

女　え、お兄さん、大丈夫？けがはなかったの？

男　うん、幸いけがは軽くて済んだんだけど…。車がね…。もう乗れなくなっちゃったんだ。でも、おじさんが僕に車を貸してくれたから、旅行には行けると思ってたんだけど…。今度は母さんが心配してて。車では行くなって言われちゃったんだ。僕は兄と違って運転には自信があるんだけどなあ。

女　そんなことがあった後じゃ、しょうがないよ。私たちは電車で行こう。

6번

남자와 여자가 이야기하고 있습니다. 두 사람은 왜 차로 가지 않습니까?

남　미안. 다음 주 여행 차로 못 갈 거 같아

여　어? 갑자기 왜? 고장이라도 난 거야?

남　아니, 지난번에 형이 친구랑 장거리 여행을 갔다 왔는데, 집에 돌아오는 도중에 사고를 당해서.

여　어머, 형 괜찮으셔? 다친 데는 없고?

남　응, 다행히 가벼운 부상으로 그쳤는데…. 차가…. 더 이상 탈 수 없게 됐어. 그런데 삼촌이 나한테 차 빌려 주셔서 여행은 갈 수 있다고 생각했는데…. 이번에는 엄마가 걱정하셔서. 차로는 가지 말라고 하시네. 난 형이랑 달라서 운전은 자신 있는데.

여　그런 일이 있었으니까 어쩔 수 없지. 우리는 전철로 가자.

二人はどうして車で行きませんか。

1 運転が下手だから
2 兄に車を貸したから
3 母が反対しているから
4 エンジンが故障したから

두 사람은 왜 차로 가지 않습니까?

1 운전을 못하기 때문에
2 형에게 차를 빌려 주었기 때문에
3 엄마가 반대하시기 때문에
4 엔진이 고장 났기 때문에

故障 고장 | 長距離 장거리 | 途中 도중 | 事故に遭う 사고를 당하다 | けが 상처, 부상 | 幸い 다행히 | 済む 해결되다, 끝나다 | ~てくれる (남이) ~해 주다 | 自信 자신 | しょうがない 어쩔 수 없다, 할 수 없다 | 反対 반대 | エンジン 엔진

問題 3

1 番

女の人が話しています。

女　アレルギー性の病気は、子供の頃に多くみられるため、子供の病気という印象が強いかもしれませんが、大人も決して無関係ではありません。金属だったり、花粉だったり、食べ物だったり…。私は卵アレルギーなので少しでも卵を食べると症状が出てしまいます。最近ではうれしいことに卵を使わない、パンやケーキなども発売されていますが、普段の食生活では油断できません。アレルギーは命にも関わりますので、大人でもアレルギーの検査を受けることをお勧めします。

女の人は主に何について話していますか。

1 アレルギーの症状
2 アレルギーが起こる仕組み
3 アレルギーを起こす原因
4 アレルギーの治療法

문제3

1번

여자가 이야기하고 있습니다.

여　알레르기성 질환은 어릴 때 잘 나타나기 때문에 아이들의 병이라는 인상이 강할지도 모르지만, 어른도 결코 무관하지는 않습니다. 금속이라든지, 꽃가루라든지, 음식이라든지…. 저는 달걀 알레르기라서 조금이라도 달걀을 먹으면 증상이 나타납니다. 요즘은 기쁘게도 달걀을 쓰지 않는 빵이나 케이크 등도 발매되고 있습니다만, 평소 식생활에서는 방심할 수 없습니다. 알레르기는 생명과도 관련되기 때문에 어른이라도 알레르기 검사를 받기를 권합니다.

여자는 주로 무엇에 대해서 이야기하고 있습니까?

1 알레르기의 증상
2 알레르기가 일어나는 구조
3 알레르기를 일으키는 원인
4 알레르기 치료법

アレルギー性 알레르기성 | 印象 인상 | 決して 결코 | 無関係 관계 없음 | 金属 금속 | 花粉 꽃가루 | 症状 증상 | 発売 발매 | 普段 평소 | 食生活 식생활 | 油断 방심, 부주의 | 命に関わる 생명에 관련되다 | 検査 검사 | お勧め 추천 | 仕組み 구조 | 治療法 치료법

2番

学校で女の子と男の子が話しています。

男　どうした？ 元気ないみたいだけど、なんかあった？

女　うん。ゆきちゃんのことで、ちょっとね。実は、半年前にお金貸してほしいって言われて、貸してあげたんだけど、まだ返してくれなくて…。

男　お金は簡単に貸しちゃだめだよ。

女　そうなんだけど、私しか頼む人がいないって言われて…。私、断れない性格だから…。

男　そっかあ。

女　昨日もゆきちゃん、掃除当番なのに、お腹が痛いからって帰ったんだよ。後で聞いた話なんだけど、ゆきちゃん、カラオケに行ってたんだって。早く遊びたいから私たちに掃除やらせようと嘘ついたんだよ。ひどいと思わない？ もう、ゆきちゃんのこと信じられなくなっちゃった。

男　騙されるのも辛いけど、人を疑うのはもっと辛いよ。できれば、一度話し合ってみたら？ お互いに誤解してることもあるかもしれないよ。

女　うん。このままじゃ嫌だからそうしてみる。

女の子は何について相談していますか。

1 頼みを断る方法
2 上手な嘘のつき方
3 友人関係がうまくいく方法
4 騙されない方法

2번

학교에서 여자아이와 남자아이가 이야기하고 있습니다.

남　왜 그래? 기운이 없어 보이는 데 무슨 일 있었어?

여　응, 유키 때문에 좀. 실은 반년 전에 돈 빌려 달라고 해서 빌려 줬는데 아직 안 갚아서….

남　돈은 간단히 빌려 주면 안돼.

여　그렇긴 한데, 나 밖에 부탁할 사람이 없다고 하니까…. 나 거절 못하는 성격이라서….

남　그랬군.

여　어제도 유키가 청소 당번인데, 배 아프다면서 돌아갔어. 나중에 들은 이야기인데, 유키, 노래방에 갔었대. 빨리 놀고 싶어서 우리한테 거짓말한 거야. 너무하지 않아? 더 이상 유키를 못 믿겠어.

남　속는 것도 괴롭지만, 사람을 의심하는 건 더 괴로워. 가능하다면 한 번 이야기 해 보는 게 어때? 서로 오해하고 있는 게 있을지도 몰라.

여　응. 이대로는 싫으니까 그렇게 해 볼게.

여자아이는 무엇에 대해서 상의하고 있습니까?

1 부탁을 거절하는 방법
2 거짓말을 잘 하는 방법
3 친구와 잘 지내는 방법
4 속지 않는 방법

実は 실은, 사실은 | 半年 반년, 6개월 | ～てあげる ~해 주다 | ～てくれる (남이) ~해 주다 | ～しか ~만, ~ 밖에
断る 거절하다 | 性格 성격 | 掃除 청소 | 当番 당번 | カラオケ 노래방 | 嘘をつく 거짓말을 하다 | ひどい 심하다, 너무 하다
信じる 믿다 | 騙す 속이다 | 疑う 의심하다 | できれば 가능하면 | 話し合う 같이 이야기하다, 의논하다 | 互いに 서로 | 誤解 오해
友人 친구

3番

講演会で男の人が話しています。

男　環境問題は日に日に深刻化してきていますね。日常生活で私たちができることとして、エネルギーを節約することが挙げられます。

3번

강연회에서 남자가 이야기하고 있습니다.

남　환경 문제는 날마다 심각해지고 있습니다. 일상생활에서 우리가 할 수 있는 것으로 에너지 절약을 들 수 있습니다. 예를 들어, 가족들이 가능한 한 같은

例えば、家族がなるべく同じ部屋で過ごしたり、出かける時は徒歩や電車で行ったり、ビニール袋は使わないようにしたりです。未来の子供達のために美しい地球を守っていきたいですね。ですから、皆さんもできることから始めていきましょう。

男の人は何について話していますか。

1 環境問題の原因
2 家族が仲良くなる方法
3 環境問題の対策
4 未来の科学技術

방에서 지내거나, 외출할 때는 도보나 전철로 가거나, 비닐봉지는 사용하지 않도록 하는 것입니다. 미래의 아이들을 위해서 아름다운 지구를 지켜 나가고 싶습니다. 그러므로 여러분도 할 수 있는 것부터 시작해 나갑시다.

남자는 무엇에 대해서 이야기하고 있습니까?

1 환경문제의 원인
2 가족이 친해지는 방법
3 환경문제의 대책
4 미래의 과학기술

講演会 강연회 | 環境 환경 | 日に日に 날마다, 하루하루 | 深刻化 심각해짐 | ～てくる ～해지다, ～해 오다 | 日常生活 일상생활 | エネルギー 에너지 | 節約 절약 | 挙げる (예로) 들다 | 過ごす 지내다, 보내다 | 徒歩 도보 | ビニール袋 비닐봉지 | ～ないようにする ～하지 않도록 하다 | 地球 지구 | 守る 지키다 | 仲が良い 사이가 좋다, 친하다 | 対策 대책 | 科学 과학 | 技術 기술

問題 4

1 番

階段で重い荷物を持っているおばあさんがいます。何と言いますか。

男 1 その荷物、お持ちしましょうか。
2 この荷物を持ってくださいませんか。
3 荷物、お送りしておきました。

～てくださる (윗사람이) ～해 주시다 | ～ておく ～해두다

2 番

エレベーターで3階に行きたいですが、荷物を持っていてボタンが押せません。一緒に乗っている人に何と言いますか。

女 1 一緒に3階に行きましょうか。
2 3階のボタンを押していただけませんか。
3 3階に行きたいんですか。

문제4

1번

계단에서 무거운 짐을 들고 있는 할머니가 계십니다. 뭐라고 말합니까?

남 1 그 짐, 들어 드릴까요?
2 이 짐을 들어 주시겠어요?
3 짐, 보내 놨어요.

2번

엘리베이터로 3층에 가고 싶은데 짐을 들고 있어서 버튼을 누를 수가 없습니다. 같이 타고 있는 사람에게 뭐라고 말합니까?

여 1 같이 3층에 갈까요?
2 3층 버튼을 눌러 주시겠어요?
3 3층에 가고 싶나요?

ボタン 버튼 | ~ていただく (윗사람이) ~해 주시다

3番

彼女と結婚したいです。彼女の両親に何と言いますか。

男　1　私と結婚してくださいませんか。
　　2　娘さんと結婚させてください。
　　3　昨日、娘さんと結婚しました。

3번

여자 친구와 결혼하고 싶습니다. 여자 친구의 부모님에게 뭐라고 말합니까?

남　1　저랑 결혼해 주시겠어요?
　　2　따님과 결혼하게 해 주세요.
　　3　어제, 따님과 결혼했어요.

両親 부모님 | ~てくださる (윗사람이) ~해 주시다

4番

隣の部屋の人がうるさいです。何と言いますか。

女　1　うるさくしてしまい、すいません。
　　2　静かすぎて眠れません。
　　3　ちょっと、静かにしてもらえませんか。

4번

옆집 사람이 시끄럽습니다. 뭐라고 말합니까?

여　1　시끄럽게 해서 죄송합니다.
　　2　너무 조용해서 잘 수 없습니다.
　　3　좀 조용히 해 줄래요?

~すぎる 너무 ~하다 | ~てもらう (남이) ~해 주다

問題5

1番

女　今日はすごくついてるね。
男　1　宝くじでも当たったの?
　　2　それは大変だったね。
　　3　もうちょっと、頑張ればよかったのに…。

문제5

1번

여　오늘은 아주 운이 좋네.
남　1　복권이라도 당첨됐어?
　　2　그거 참 힘들었겠다.
　　3　조금만 더 노력했으면 좋았을 텐데….

つく 운이 따르다, 재수가 좋다 | 宝くじ 복권 | 当たる 들어맞다, 당첨되다

2番

女　なんか、汗臭くない?
男　1　運動したからね。
　　2　魚を焼いたからだよ。
　　3　ごめん、おならしちゃった。

2번

여　뭔가 땀냄새 나지 않아?
남　1　운동을 했으니까.
　　2　생선을 구워서 그래.
　　3　미안, 방귀 꼈어.

汗臭い 땀냄새가 나다 | 焼く 굽다 | おならをする 방귀를 뀌다

3番

女　私のお父さん、すごく大きないびきをかくの。

男　1 とても痛そうだけど、大丈夫？

　　2 とても素敵な字を書かれるんだね。

　　3 それは、うるさそうだね。

3번

여　우리 아빠, 코 엄청 크게 골아.

남　1 너무 아플 것 같은데 괜찮아?

　　2 글씨를 아주 멋지게 쓰시는구나.

　　3 그거 진짜 시끄럽겠다.

いびきをかく 코를 골다 | 素敵だ 멋지다 | 字 글자, 글씨

4番

男　外は暑すぎてふらふらするよ。

女　1 マフラー貸してあげようか？

　　2 水分をちゃんと取った方がいいよ。

　　3 心配かけてごめんね。

4번

남　밖은 너무 더워서 어질어질해.

여　1 목도리 빌려 줄까?

　　2 수분을 잘 섭취하는 게 좋아.

　　3 걱정 끼쳐서 미안해.

～すぎる 너무 ~하다 | ふらふら 어질어질, 빙빙 | マフラー 머플러, 목도리 | 水分 수분 | 取る 먹다, 섭취하다
心配をかける 걱정을 끼치다

5番

男　ご無沙汰しております。お元気でしたか。

女　1 こちらこそ、ありがとうございます。

　　2 はい、病院に行ってきました。

　　3 ええ、おかげさまで。

5번

남　오래간만입니다. 잘 지내셨어요?

여　1 저야말로 감사합니다.

　　2 네, 병원에 다녀 왔어요.

　　3 네, 덕분에요.

ご無沙汰 오랫동안 격조함

6番

女　父の会社でアルバイト、探してるんだって。

男　1 きつい仕事はいやだなあ。

　　2 僕、雇ってもらえないかな。

　　3 お父さん、首になったの？

6번

여　아빠 회사에서 아르바이트 구한대.

남　1 힘든 일은 싫어.

　　2 나 고용해 주시지 않으려나.

　　3 아버지 잘리셨어?

きつい 심하다, 빡빡하다 | 雇う 고용하다 | ～てもらう (남이) ~해 주다 | 首になる 해고되다, 잘리다

7番

男　今月はお小遣いが足りないよ。

女　1　お金貸してくれない？

　　2　おつり、もらわなかったの？

　　3　無駄遣いしたんじゃないの？

7번

남　이번 달은 용돈이 부족해.

여　1　돈 빌려주지 않을래?

　　2　잔돈 안 받았어?

　　3　낭비한 거 아니야?

小遣い 용돈 | ～てくれる (남이) ～해 주다 | おつり 거스름돈 | 無駄遣い 낭비

8番

女　電車の中ががらがらだね。

男　1　満員電車は嫌なのに…。

　　2　本当だ。休日なのに人がいないね。

　　3　この電車、ほんとよく揺れるね。

8번

여　전철 안이 텅텅 비었네.

남　1　만원 전철은 싫은데….

　　2　정말이네. 휴일인데 사람이 없네.

　　3　이 전철 진짜 자주 흔들린다.

がらがら 텅텅 비어 있는 모양 | 満員 만원 | 休日 휴일 | 揺れる 흔들리다

9番

男　今から日帰りで温泉に行ってくるんだ。

女　1　じゃ、2泊3日かあ。うらやましい。

　　2　じゃ、明日の朝帰ってくるんだね。

　　3　じゃ、今日の夜また会おうね。

9번

남　지금부터 당일치기로 온천에 갔다 올게.

여　1　그럼, 2박 3일이네. 부럽다.

　　2　그럼, 내일 아침에 돌아오겠네.

　　3　그럼, 오늘 밤에 다시 만나자.

日帰り 당일치기 | 温泉 온천 | うらやましい 부럽다

5회

問題1

1番

女の人と男の人が話しています。男の人は何を買わなければなりませんか。

男　ちょっと、駅前のカフェまで散歩してくるよ。
女　あ、だったら、カフェに行くついでに、私の分のあったかいコーヒーも買ってきてくれる？
男　うん、いいよ。
女　それから、悪いんだけど、帰りに薬局で風邪薬もお願い。ちょっと喉が痛くて…。風邪をひいたみたいなの。
男　分かったよ。
女　あ、それと、薬局の向かい側にスーパーがあるから、洗剤とじゃがいももも、ついでに買ってきてほしいんだけど。
男　え～、重いものばかりじゃないか。
女　じゃ、洗剤だけでいいや。今、洗剤がきれちゃってて洗濯物が溜まってるのよ。
男　しょうがないなあ。

男の人は何を買わなければなりませんか。

1 ア　イ
2 ア　ウ
3 ア　エ
4 ア　イ　ウ

문제1

1번

여자와 남자가 이야기하고 있습니다. 남자는 무엇을 사야 합니까?

남　잠깐 역 앞 카페까지 산책하고 올게.
여　아, 그럼 카페 가는 김에 나도 따뜻한 커피 사다 줄래?
남　응, 알겠어.
여　그리고 미안한데, 돌아올 때 약국에서 감기약도 부탁해. 목이 좀 아파서…. 감기에 걸렸나 봐.
남　알았어.
여　아, 그리고 약국 건너편에 슈퍼가 있으니까 세제하고 감자도 같이 사다 줬으면 좋겠는데.
남　뭐야, 다 무거운 거잖아.
여　그럼 세제만 사다 줘. 지금 세제가 다 떨어져서 빨래가 쌓여 있어.
남　할 수 없군.

남자는 무엇을 사야 합니까?

1 커피, 감기약
2 커피, 세제
3 커피, 감자
4 커피, 감기약, 세제

～ついでに ～하는 김에 | 分 몫 | 帰り 귀갓길, 돌아오는 길 | 薬局 약국 | 風邪薬 감기약 | 喉 목 | 向かい 맞은편, 건너편
側 쪽, 측 | 洗剤 세제 | じゃがいも 감자 | きれる 떨어지다, 다 되다 | 洗濯物 세탁물, 빨랫감 | 溜まる 쌓이다, 모이다

2番

たこ焼き屋で女の人と店員が話しています。女の人はこの後いくら払いますか。

男　いらっしゃいませ。
女　たこ焼き、持ち帰りにしたいんですけど、一

2번

다코야키 가게에서 여자와 점원이 이야기하고 있습니다. 여자는 이후에 얼마를 지불합니까?

남　어서오세요.
여　다코야키 포장하고 싶은데 하나에 얼마예요?

ついくらですか。

男　６個入りが３５０円、９個入りが５００円、１２個入りが６００円になります。

女　じゃあ、１２個入り一つと、６個入り一つください。

男　追加料金１００円でチーズのトッピングができますが、どうされますか。

女　美味しそうですね。では、６個入りの方だけお願いします。

男　かしこまりました。

女　あ、そうだ、友だちからポイントカードもらったんですが、使えますか。

男　はい、ご使用になられますよ。ではポイントカードご使用で５０円引きになります。では、こちらで少々お待ちください。

女の人はこの後いくら払いますか。

1　８５０円
2　９５０円
3　１０００円
4　１０５０円

남　여섯 개짜리가 350엔, 9개짜리가 500엔, 12개짜리가 600엔입니다.

여　그럼 12개짜리 하나랑 6개짜리 하나 주세요.

남　추가요금 100엔에 치즈 토핑 가능한데 어떠세요?

여　맛있겠네요. 그럼 6개짜리에만 부탁드려요.

남　알겠습니다.

여　아, 맞다. 친구한테 포인트 카드 받았는데 쓸 수 있어요?

남　네, 쓰실 수 있습니다. 그럼 포인트 카드로 50엔 할인됩니다. 그럼 여기에서 잠시만 기다려 주세요.

여자는 이후에 얼마를 지불합니까?

1　850엔
2　950엔
3　1000엔
4　1050엔

たこ焼き屋 다코야키 가게 | 持ち帰り 가지고 돌아감, 포장 | ～入り ～들어감, ～들이 | 追加 추가 | 料金 요금 | チーズ 치즈 トッピング 토핑 | される 하시다(する의 존경어) | ポイントカード 포인트 카드 | 使用 사용 | ～引き 뺌, 제함 | 少々 조금, 잠시

3番

姉と弟が話しています。弟はこの後、まず何をしなければなりませんか。

女　ひろき、明後日は何の日か知ってる？

男　知らないけど。何か特別なことでもあるの？

女　父の日だよ。

男　え、そうだっけ？ その日はアルバイト入れちゃったよ。

女　え、そうなの？ じゃ、当日いないんだから、手紙くらい書いたら？

男　そうだね。そうするよ。今日中に書いとくから当日、お父さんに渡しといて。

女　うん、分かった。料理はお父さんが好きなカレーを作っとくね。

男　姉ちゃんのカレーうまいから楽しみだなあ。

3번

누나와 남동생이 이야기하고 있습니다. 남동생은 이후에 먼저 무엇을 해야 합니까?

여　히로키, 모레 무슨 날인지 알아?

남　모르는데. 뭔가 특별한 일이라도 있어?

여　아버지의 날이야.

남　어? 그랬나? 그날은 아르바이트 하는데.

여　어? 그래? 그럼 당일에 없으니까 편지라도 쓰는 게 어때?

남　그렇네. 그렇게 할게. 오늘 안에 써 놓을 테니까 아버지의 날에 전해 줘.

여　응, 알았어. 요리는 아빠가 좋아하시는 카레를 만들어 놓을게.

남　누나 카레 맛있으니까 기대된다.

여　그럼 선물은 어떻게 하지?

女　じゃ、プレゼントはどうしよっか？
男　お酒が好きだから、お酒にしたら？
女　じゃ、それはひろきが買っといてよ。
男　おいおい、未成年は買えないよ。
女　あ、そうだったね。じゃ、それは私が買っとく。結局、いつも全部私が用意することになるんだから。
男　やっぱり、姉ちゃんは頼りになるなあ。

弟はこの後、まず何をしなければなりませんか。

1 カレーを作る
2 手紙を書く
3 お酒を買う
4 アルバイトに行く

남　술 좋아하시니까 술로 하는 게 어때?
여　그럼 그건 히로키가 사 둬.
남　누나, 미성년자는 못 사잖아.
여　아, 그랬었지. 그럼 그건 내가 사 놓을게. 결국 언제나 전부 내가 준비하게 된다니까.
남　역시 누나는 든든하단 말이야.

남동생은 이후에 먼저 무엇을 해야 합니까?

1 카레를 만든다
2 편지를 쓴다
3 술을 산다
4 아르바이트하러 간다

バイト(アルバイト) 아르바이트 | 当日 당일 | 今日中 오늘 중 | ～とく(～ておく) ～해 두다 | 結局 즐거움, 기대됨
未成年 미성년자 | 結局 결국 | 全部 전부 | 用意 준비 | ～ことになる ～하게 되다 | 頼りになる 의지가 되다, 든든하다

4番

大学で女の学生と男の学生が話しています。女の学生はこの後まず何をしますか。

女　先輩、ちょっと、お時間よろしいですか。
男　うん、何？
女　あの、実は私、先輩と同じ学科の大学院に進学しようと思ってるんですが…。研究計画書がうまく書けなくて…。できれば、先輩にアドバイスをいただきたいんですが…。
男　そうなんだ。うん、いいよ。僕なんかが力になれるか分からないけどね。
女　ありがとうございます。これなんですが…。
男　結構多いんだね。今はちょっと最後まで見る時間がないから、後でいいかな。
女　はい、もちろんです。
男　あ、山田先生の授業聞いてる？
女　はい、毎週水曜日にある授業ですよね？
男　うん、その時間、僕も参加することになってるから、その授業の後で返すよ。一応、メールでもこれ送っといてくれる？
女　はい、お送りしておきますね。

4번

대학교에서 여학생과 남학생이 이야기하고 있습니다. 여학생은 이후에 먼저 무엇을 합니까?

여　선배님, 잠깐 시간 괜찮으세요?
남　응, 뭔데?
여　저기 실은 저, 선배님이랑 같은 학과 대학원에 진학하려고 하는데…. 연구계획서를 잘 쓸 수가 없어서요…. 괜찮으시면 선배님께 조언을 듣고 싶어서요….
남　그렇구나. 응, 괜찮아. 내가 도움이 될지는 모르겠지만.
여　감사합니다. 이건데요….
남　꽤 많네. 지금은 좀 끝까지 볼 시간이 없으니까 나중에라도 괜찮아?
여　네, 그럼요.
남　아, 야마다 교수님 수업 듣고 있어?
여　네, 매주 수요일에 있는 수업 말이죠?
남　응, 그 시간에 나도 참가하니까 그 수업 후에 돌려줄게. 일단 메일로도 이거 보내 줄래?
여　네, 보내 둘게요.

女の学生はこの後まず何をしますか。

1 研究計画書を書く
2 大学院に研究計画書を提出する
3 先輩に研究計画書の相談をする
4 先輩に研究計画書をメールで送る

여학생은 이후에 먼저 무엇을 합니까?

1 연구계획서를 쓴다
2 대학원에 연구계획서를 제출한다
3 선배에게 연구계획서에 대해 상담한다
4 선배에게 연구계획서를 메일로 보낸다

学科 학과 | 大学院 대학원 | 進学 진학 | 研究 연구 | 計画書 계획서 | できれば 가능하면 | アドバイス 조언, 충고
力になる 도움이 되다 | 参加 참가 | ～ことになる ~하게 되다 | 一応 일단 | ～とく(～ておく) ~해 두다 | 提出 제출

5番

大学で短期留学の説明会をしています。留学したい学生はまず、何をしなければなりませんか。

男　では、短期留学説明会を始めます。アメリカへの短期留学は夏休みの一か月間です。参加したい人は英語で面接を受けてもらいます。事前に自己紹介書を英語で書いたものを提出してもらいますので、準備の方をお願いします。面接はその自己紹介書をもとに質問していきます。結果は大学ホームページで発表します。合格者は参加費の支払いと保険に加入してもらう予定です。締め切りが来週なので早めに準備してください。

留学したい学生はまず、何をしなければなりませんか。

1 面接を受ける
2 自己紹介書を提出する
3 参加費を払う
4 保険に入る

5번

대학에서 단기 유학 설명회를 하고 있습니다. 유학하고 싶은 학생은 먼저 무엇을 해야 합니까?

남　그럼, 단기 유학 설명회를 시작하겠습니다. 미국 단기 유학은 여름방학 한 달간입니다. 참가하고 싶은 사람은 영어로 면접을 봅니다. 사전에 영어로 쓴 자기소개서를 제출해야 하기 때문에 준비해 주시기 바랍니다. 면접은 그 자기소개서를 바탕으로 질문합니다. 결과는 대학 홈페이지에서 발표합니다. 합격자는 참가비 지불과 보험에 가입할 예정입니다. 마감이 다음 주니까 서둘러서 준비해 주세요.

유학하고 싶은 학생은 먼저 무엇을 해야 합니까?

1 면접을 본다
2 자기소개서를 제출한다
3 참가비를 지불한다
4 보험을 든다

短期 단기 | 留学 유학 | 説明会 설명회 | 参加 참가 | 面接 면접 | ～てもらう (남이) ~해 주다 | 事前に 사전에, 미리
自己紹介書 자기소개서 | 提出 제출 | 準備 준비 | ～をもとに ~을 바탕으로 | 結果 결과 | ホームページ 홈페이지 | 発表 발표
合格者 합격자 | 参加費 참가비 | 支払い 지불 | 保険 보험 | 加入 가입 | 締め切り 마감, 마감일 | 早めに 빨리, 일찌감치

6番

会社で女の人と男の人が話しています。女の人はこのあと何をしなければなりませんか。

男　佐藤さん、今ちょっといいかな？
女　はい、なんでしょうか。

6번

회사에서 여자와 남자가 이야기하고 있습니다. 여자는 이후에 무엇을 해야 합니까?

남　사토 씨, 지금 잠깐 괜찮아?
여　네, 무슨 일이세요?

男　部長の海外出張のことなんだけど。
女　何か問題でもありましたか。
男　ああ、向こうのトラブルで送った荷物が部長のホテルに届かなかったらしいよ。佐藤さん、留学経験があるって聞いて。ちょっと今から協力してくれないかな？
女　実は、今、取引先のお客様がいらっしゃってて…。
男　それは他の人に頼んでおくから、こっちを優先してくれる？
女　はい、分かりました。具体的に何をしたらいいのでしょうか。
男　とりあえず、部長と連絡をとって今の状況を把握してくれるかな？ 状況によっては佐藤さんに現地に行ってもらうことになるかもしれないよ。

女の人はこのあと何をしなければなりませんか。

1　荷物を送りなおす
2　飛行機の予約をする
3　部長に電話をする
4　来客にお茶を出す

남　부장님 해외출장 일인데….
여　뭔가 문제라도 있나요?
남　아, 그쪽에 문제가 생겨서 보낸 짐이 부장님 호텔에 도착하지 않았다나 봐. 사토 씨, 유학 경험이 있다고 들어서. 지금 좀 도와줄 수 있어?
여　실은, 지금 거래처 손님이 오셔서요….
남　그건 다른 사람에게 부탁해 놓을 테니 이걸 우선으로 해 줄래?
여　네, 알겠습니다. 구체적으로 뭘 하면 되죠?
남　우선, 부장님과 연락해서 지금 상황 좀 파악해 줄 수 있어? 상황에 따라서는 사토 씨가 현지에 가 줘야 할지도 몰라.

여자는 이후에 무엇을 해야 합니까?

1　짐을 다시 보낸다
2　비행기 예약을 한다
3　부장님께 전화한다
4　손님께 차를 낸다

海外 해외 | 出張 출장 | トラブル 문제, 말썽 | ～らしい ～인 것 같다 | 留学 유학 | 経験 경험 | 協力 협력, 도움
～てくれる (남이) ～해 주다 | 実は 실은, 사실은 | 取引先 거래처 | 優先 우선 | 具体的 구체적 | とりあえず 우선, 일단
連絡をとる 연락을 취하다 | 状況 상황 | 把握 파악 | ～によっては ～에 따라서는 | 現地 현지 | ～てもらう (남이) ～해 주다
送りなおす 다시 보내다 | 予約 예약 | 来客 손님, 방문객

問題2

1番

女の人と男の人が話しています。女の人はどうしてここに引っ越しましたか。

女　ごめんね。わざわざ、家まで忘れ物を届けてくれてありがとう。疲れたでしょ？
男　いや、家に帰る途中だったし、バス停からもそんなに遠くなかったから、大丈夫だよ。それにしても、いいところに引っ越したんだね。家賃も高そう。

문제2

1번

여자와 남자가 이야기하고 있습니다. 여자는 왜 여기로 이사했습니까?

여　미안해. 일부러 집까지 두고 간 물건 가져다 줘서 고마워. 피곤하지?
남　아니, 집에 돌아가는 도중이었고, 버스 정류장에서도 그렇게 멀지 않았으니까 괜찮아. 그건 그렇고 좋은 곳으로 이사했네. 집세도 비싸겠다.
여　그렇지 않아. 뭐, 전에 살던 곳보다는 경비가 잘 되

女　そんなことないよ。まあ、前に住んでたところより警備がしっかりしてる分、高くなったけど、満足してるんだ。

男　ここら辺って、結構うるさそうだけど、大丈夫？

女　まあ、夜は賑やかだけど、窓を開けなければ気にならないし、人がいなくて危ないよりはましだよ。

男　そうなんだ。女性の引っ越し先にはいいところなんだね。

女の人はどうしてここに引っ越しましたか。

1 バス停に近いから
2 家賃が安いから
3 安全だから
4 静かだから

어 있는 만큼 비싸지긴 했지만 만족하고 있어.

남　이 동네 꽤 시끄러운 것 같은데 괜찮아?

여　뭐, 밤에는 좀 북적거리는데 창문을 안 열면 신경 쓰이진 않고 사람이 없어서 위험한 것보다는 나아.

남　그렇군. 여자들이 이사하기에는 좋은 곳이구나.

여자는 왜 여기로 이사했습니까?

1 버스 정류장이 가까워서
2 집세가 싸서
3 안전해서
4 조용해서

わざわざ 일부러 | 忘れ物 물건을 두고 옴 | ～てくれる (남이) ～해 주다 | 疲れる 지치다, 피곤하다 | 途中 도중
バス停 버스 정류장 | それにしても 그건 그렇고 | 家賃 집세 | 警備 경비 | しっかり 견실함, 잘 되어 있음 | ～分 ～한 만큼
満足 만족 | ここら辺 이 부근, 이 동네 | 気になる 신경 쓰이다 | ～より ～보다 | ましだ 더 낫다 | ～先 목적지, 장소

2番

大学で女の学生と男の学生が話しています。男の学生はどうして着物で行かないのですか。

女　こうへいは卒業式、出席するよね。

男　ああ、もちろん。

女　卒業式の日、何着ていくか決まった？

男　着物で行こうかと思ってたんだけど、卒業式の後でサークルの記念写真を撮ることになってて…。

女　あ、自転車サークルだったよね？

男　そうそう。サークルのユニホームに着替えて写真撮影するらしいから、脱ぎ着しやすい方がいいかなって思ってスーツで行くことにしたんだ。

女　私も今悩んでて…。着物はきれいだけど、一人では着方が分からないし…。

男　確かに、着物は着慣れてないとトイレに行くのも大変だって聞いたことがあるなあ。でも、あやかは着物、似合うと思うよ。

2번

대학교에서 여학생과 남학생이 이야기하고 있습니다. 남학생은 왜 기모노를 입고 가지 않습니까?

여　코헤이는 졸업식, 참석하지?

남　어, 물론.

여　졸업식 날 뭐 입고 갈지 정했어?

남　기모노 입고 가려고 했는데, 졸업식 후에 동아리 기념 사진 찍기로 되어 있어서….

여　아, 자전거 동아리였지?

남　맞아. 동아리 유니폼으로 갈아 입고 사진 촬영한다고 해서 입고 벗기 편한 쪽이 좋을 것 같아서 정장 입고 가려고.

여　나도 지금 고민 중인데…. 기모노는 예쁘지만, 혼자서는 입는 방법을 모르니까….

남　하기야, 기모노는 입는 데 익숙하지 않으면 화장실 가는 것도 힘들다고 들은 적이 있어. 그렇지만 아야카는 기모노 어울릴 것 같다.

여　그래? 역시 기모노 입고 갈까?

女　そう？ やっぱり着物着て行こうかなあ。

男の学生はどうして着物で行かないのですか。

1 スーツの方が着替えやすいから
2 着物で動くのに慣れてないから
3 着物は一人で着るのが大変だから
4 スーツの方が似合うから

남학생은 왜 기모노를 입고 가지 않습니까?

1 정장이 갈아입기 편해서
2 기모노 입고 움직이는 게 익숙하지 않아서
3 기모노는 혼자서 입는 게 힘들어서
4 정장이 더 잘 어울려서

卒業式 졸업식 | 出席 출석, 참석 | サークル 동아리, 동호회 | 記念写真 기념사진 | ～ことになっている ~하기로 되어 있다
ユニホーム 유니폼, 단체복 | 着替える 옷을 갈아입다 | 撮影 촬영 | ～らしい ~라고 한다 | 脱ぎ着 입고 벗음
～やすい ~하기 쉽다 | 着方 입는 방법 | 確かに 분명히, 확실히 | 着慣れる 입는 데 익숙하다 | ～のに ~하는 데, ~하기에

3番

大学で女の学生と男の学生が話しています。男の学生は何のためにアルバイトを始めましたか。

男　この前、教授から聞いた話だけど、ここの大学の学生って80パーセントがアルバイトしてるんだって。
女　学費高いもんね、この大学。
男　それもあるよね。でも、僕の友達は恋人を作るためにアルバイト始めたって言ってたから、理由は人それぞれだよ。実は僕も最近カフェのアルバイトを始めたんだ。
女　そうだったの？ 知らなかった。
男　僕、将来は自分のカフェを持ちたくてね。アルバイトしながらコーヒーの勉強してるんだ。
女　えらいね。私は旅行に行きたいからアルバイトしてるっていうのに。

男の学生は何のためにアルバイトを始めましたか。

1 学費を稼ぐため
2 恋人を作るため
3 将来の仕事のため
4 旅行に行くため

3번

대학교에서 여학생과 남학생이 이야기하고 있습니다. 남학생은 무엇 때문에 아르바이트를 시작했습니까?

남　지난번에 교수님한테 들은 이야기인데, 이 대학교 학생 80퍼센트가 아르바이트를 한대.
여　학비가 비싸잖아, 이 학교.
남　그런 이유도 있겠지. 하지만 내 친구는 애인을 만들기 위해서 아르바이트를 시작했다고 말했으니까 이유는 각자 다를 걸. 실은 나도 요즘 카페 아르바이트를 시작했어.
여　그랬어? 몰랐네.
남　나 장래에는 내 카페를 가지고 싶거든. 아르바이트 하면서 커피 공부하고 있어.
여　대단하네. 나는 여행가고 싶어서 아르바이트 하는 건데.

남학생은 무엇 때문에 아르바이트를 시작했습니까?

1 학비를 벌기 위해서
2 애인을 만들기 위해서
3 장래의 일을 위해서
4 여행을 가기 위해서

教授 교수(님) | バイト(アルバイト) 아르바이트 | 学費 학비 | ～もんね(ものね) ~이잖아, ~하잖아 | 理由 이유
人それぞれだ 사람마다 다르다 | カフェ 카페 | えらい 대단하다, 훌륭하다 | 稼ぐ (돈을) 벌다, 마련하다 | 恋人 애인, 연인

4番

留守番電話のメッセージを聞いています。女の人はどうして山に登れないと言っていますか。

女　もしもし、山田です。明日の登山、行けそうになくって連絡したんだけど…。1週間前からの約束だったのに本当にごめんね。同じコンビニでバイトしている木村さんが急に入院したらしくて、明日、木村さんの代わりに働かないといけなくなっちゃったんだ。その代わり、今週の日曜日は休みになったから、一緒に買い物にでも行こう。じゃ、明日はいい天気らしいから、みんなと楽しんできてね。

女の人はどうして山に登れないと言っていますか。

1 明日雨が降るから
2 入院したから
3 アルバイトをするから
4 買い物に行くから

4번

부재중 전화 메시지를 듣고 있습니다. 여자는 왜 등산에 갈 수 없다고 말하고 있습니까?

여　여보세요. 야마다야. 내일 등산 못 갈 거 같아서 연락했는데…. 1주일 전부터 약속한 건데 정말 미안해. 같은 편의점에서 아르바이트하고 있는 기무라 씨가 갑자기 입원했다고 해서, 내일 기무라 씨 대신 일하게 됐어. 그 대신 이번 주 일요일은 쉬는 날이 되었으니까 같이 쇼핑이라도 가자. 내일은 날씨가 좋다고 하니까 다 같이 즐거운 시간 보내.

여자는 왜 등산에 갈 수 없다고 말하고 있습니까?

1 내일 비가 오기 때문에
2 입원했기 때문에
3 아르바이트를 하기 때문에
4 쇼핑하러 가기 때문에

留守番電話 부재중 전화, 자동응답기 | メッセージ 메시지 | 登山 등산 | ～そうにない ～할 것 같지 않다, ～못 할 것 같다
コンビニ 편의점 | 入院 입원 | バイト(アルバイト) 아르바이트 | ～らしい ～라고 한다 | ～の代わりに ～대신에
その代わり 그 대신

5番

会社で女の人と男の人が話しています。男の人はどうしてお酒を飲みませんか。

女　あ、斎藤さん、部長が今日一杯どうかって言ってましたよ。
男　え、今日もお酒飲むんですか。昨日も飲んだのに…。
女　最近、飲み会多いですよね。私、そのせいで3キロも太っちゃいましたよ。
男　そうだったんですか。お酒は太りやすいですからね。
女　しかも飲み過ぎると、次の日の体調も悪くなりますしね。それに、一ヶ月にこう何度も飲み会があると、お金もためられないですよ。
男　僕も、昨日部長とお酒をたくさん飲んでから家に帰ったら、妻に怒られてしまいました。

5번

회사에서 여자와 남자가 이야기하고 있습니다. 남자는 왜 술을 마시지 않습니까?

여　아, 사이토 씨, 부장님께서 오늘 한 잔 어떠냐고 하셨어요.
남　네? 오늘도 술 마셔요? 어제도 마셨는데….
여　요즘 회식이 많네요. 저, 그래서 3킬로나 찌고 말았어요.
남　그랬어요? 술은 살찌기 쉬우니까요.
여　그리고 과음하면 다음 날 몸도 안 좋아지고요. 게다가 한 달에 이렇게 몇 번이나 회식이 있으면 돈도 모을 수가 없어요.
남　저도 어제 부장님과 술 많이 마시고 집에 돌아갔다가 아내한테 혼났어요. 그러니까 오늘은 술은 사양할게요.
여　그랬군요. 사이토 씨도 힘들겠네요.

だから、今日はお酒は遠慮しときます。
女　そうだったんですか。斎藤さんも大変ですね。

男の人はどうしてお酒を飲みませんか。

1 ダイエットしているから
2 節約しているから
3 妻に怒られたから
4 具合が悪いから

남자는 왜 술을 마시지 않습니까?

1 다이어트 하고 있기 때문에
2 절약하고 있기 때문에
3 아내한테 혼났기 때문에
4 몸이 안 좋기 때문에

～せい ～탓, ～때문 | ～キロ ～킬로, ～킬로그램 | 太る 살찌다 | ～やすい ～하기 쉽다 | しかも 게다가, 더구나 | 飲み過ぎる 지나치게 마시다, 과음하다 | 体調 몸 상태, 컨디션 | ためる 모으다, 저축하다 | 遠慮 사양, 삼감 | ～とく(～ておく) ～해 두다 | 節約 절약

6番

家で夫婦二人が話しています。妻はどうして新しい電子レンジを買いませんでしたか。

男　あれ？ 昨日、新しい電子レンジ買うって言ってなかった？ 電子レンジ壊れたんだろう？
女　あ、うん。壊れたから新しいやつ買おうって思ってたんだけどね。昨日ちょうど、お隣の山田さんが来週引っ越しするって聞いて挨拶しに行ったら、電子レンジ要らなくなったからもらってほしいって言われて。
男　え、そうだったの？
女　山田さんは新しい家に引っ越すから、全部新しい物に買い換えるんだって。電子レンジも山田さんが気に入った最新の高価な物を買うそうよ。
男　ちょうどよかったじゃないか。山田さんには引っ越される前にお礼を言いに行かないとな。

妻はどうして新しい電子レンジを買いませんでしたか。

1 買いたい電子レンジが高かったから
2 引っ越しする人に電子レンジをもらったから
3 壊れた電子レンジがまた動いたから
4 気に入った電子レンジがなかったから

6번

집에서 부부 둘이 이야기하고 있습니다. 아내는 왜 새로운 전자레인지를 사지 않았습니까?

남　어라? 어제 새 전자레인지 산다고 하지 않았어? 전자레인지 고장 났잖아.
여　아, 응. 고장 나서 새 거 사려고 했는데 말이야. 어제 마침 옆집 야마다 씨가 다음 주에 이사한다고 들어서 인사하러 갔더니 전자레인지 필요 없다고 가져가도 된다고 해서.
남　아, 그랬어?
여　야마다 씨는 새 집으로 이사하니까 전부 새 걸로 바꾼대. 전자레인지도 야마다 씨 마음에 든 최신형에 고가인 제품으로 산대.
남　마침 잘됐다. 야마다 씨한테는 이사 가시기 전에 감사하다고 인사하러 가야겠네.

아내는 왜 새로운 전자레인지를 사지 않았습니까?

1 사고 싶은 전자레인지가 비쌌기 때문에
2 이사하는 사람한테 전자레인지를 받았기 때문에
3 고장 난 전자레인지가 다시 작동했기 때문에
4 마음에 든 전자레인지가 없었기 때문에

夫婦 부부 | 電子レンジ 전자레인지 | 壊れる 망가지다, 고장나다 | 引っ越し 이사 | 買い換える 새로 사서 바꾸다 | 最新 최신 | 高価 고가, 값이 비쌈 | お礼を言う 감사 인사를 하다 | 動く (기계가) 작동하다, 돌아가다 | 気に入る 마음에 들다

問題3

1番

テレビで女の人が話しています。

女　今日のテーマはトマトです。トマトはサラダやおつまみ、さらにはデザートまで様々な料理の食材として使われていますね。トマトにはビタミンやミネラルが豊富で疲れをとったり、風邪を予防したりするなど、健康にとても役立つことが分かってきました。一日一個、そのまま食べてもいいですし、ジュースにしてもいいですし、また暖かいスープにしても、トマトの栄養は変わらず取ることができます。さらに赤色のトマト、黄色のトマト、緑色のトマト、黒色のトマト、いろいろな種類がありますが、それぞれ味も栄養も違います。ぜひ、皆さんも自分だけのお気に入りのトマトを見つけてみてください。

女の人は何について話していますか。

1 トマトの栄養
2 トマトの種類
3 トマト料理
4 トマトの育て方

문제3

1번

텔레비전에서 여자가 이야기하고 있습니다.

여　오늘의 테마는 토마토입니다. 토마토는 샐러드나 안주, 게다가 디저트까지 여러 가지 요리의 식재료로 사용되고 있죠. 토마토에는 비타민이나 미네랄이 풍부해 피로를 가시게 하거나 감기를 예방하는 등, 건강에 매우 도움이 된다는 사실이 알려져 있습니다. 하루에 한 개, 그대로 먹어도 좋고, 주스로 만들어도 좋고, 또 따뜻한 스프로 먹어도 토마토의 영양분은 변하지 않고 섭취할 수 있습니다. 게다가 빨간색 토마토, 노란색 토마토, 녹색 토마토, 검은색 토마토, 여러 가지 종류가 있습니다만, 각각 맛도 영양도 다릅니다. 여러분들도 꼭 자신에게 맞는 토마토를 찾아 보세요.

여자는 무엇에 대해서 이야기하고 있습니까?

1 토마토의 영양
2 토마토의 종류
3 토마토 요리
4 토마토 기르는 방법

テーマ 주제, 제목 | おつまみ 안주 | さらには 게다가 | デザート 디저트, 후식 | 様々だ 다양하다, 여러 가지이다 | 食材 식재료 ～として ～로, ～로서 | ビタミン 비타민 | ミネラル 미네랄 | 豊富だ 풍부하다 | 疲れをとる 피로를 풀다 | 予防 예방 | 健康 건강 そのまま 그대로 | 栄養 영양 | 赤色 빨간색 | 黄色 노란색 | 緑色 녹색 | 黒色 검은색 | 種類 종류 | ぜひ 꼭, 아무쪼록 お気に入り 마음에 듦, 그 사람의 것 | 見つける 발견하다, 찾다 | 効果 효과 | 育て方 키우는 법

2番

テレビで男の人が話しています。

男　6月に入り、雨の季節になりましたね。お店にはいろんな傘が並んでいます。自分の気に入っている傘で出かけると雨の日の重い気分も少しは軽くなりますよね。今日はそんな傘のお話しです。皆さんは駅の階段などで前を歩いている人の持っている傘が危険だと感じたことはありませんか。「迷惑だと感じる傘のトラブル」についてアンケートしたところ、

2번

텔레비전에서 남자가 이야기하고 있습니다.

남　6월로 접어 들자 비의 계절이 되었네요. 가게에는 여러 가지 우산이 진열되어 있습니다. 자기 마음에 드는 우산을 쓰고 외출하면 비가 오는 날의 무거운 기분도 조금은 가벼워지지요. 오늘은 그런 우산 이야기입니다. 여러분은 역 계단 등에서 앞에서 걷고 있는 사람이 들고 있는 우산이 위험하다고 느낀 적은 없으신가요? '민폐라고 느껴지는 우산 문제'에 대해서 설문조사를 했더니, 경험한 적이 있다고 대

経験したことがあると答えた人は74パーセントでした。傘は横に持つのではなく縦に持つのが常識です。皆さんも気をつけましょう。

답한 사람은 74퍼센트였습니다. 우산은 가로로 드는 것이 아니라 세로로 드는 것이 상식입니다. 여러분도 조심합시다.

男の人は何について話していますか。

1 傘の種類
2 傘のマナー
3 傘の選び方
4 傘の使い方

남자는 무엇에 대해서 이야기하고 있습니까?

1 우산의 종류
2 우산의 매너
3 우산 고르는 방법
4 우산을 쓰는 방법

並ぶ 놓여 있다 | 気に入る 마음에 들다 | 危険だ 위험하다 | 迷惑 폐, 민폐 | トラブル 문제, 말썽 | ～について ～에 대해
アンケート 앙케트, 설문조사 | ～たところ ～했더니 | 経験 경험 | 横 옆, 가로 | 縦 세로 | 常識 상식 | 種類 종류
マナー 예의, 예절 | 選び方 고르는 법 | 使い方 사용법

3番

ニュースで男の人が話しています。

男　20日に3歳の誕生日を迎えた西山動物園のパンダ、ミンミンは大人と同じように竹から十分に栄養をとれるようになったことからミルクをやめることになりました。今ではリンゴを前足と口をつかって上手に食べることができます。体重は先週14日の測定では63.2キロと先月よりも約1キロ増えました。また、最近では人間の子供のように飼育係に遊んでもらうなど、元気な様子も見せています。

男の人は何について話していますか。

1 パンダの特徴
2 パンダの誕生日
3 パンダの性格
4 パンダの成長

3번

뉴스에서 남자가 이야기하고 있습니다.

남　20일에 3살 생일을 맞이한 니시야마 동물원의 판다 밍밍은 어른과 마찬가지로 대나무에서 충분히 영양을 얻게 되어 우유를 끊게 되었습니다. 지금은 사과를 앞발과 입을 사용해서 잘 먹을 수 있습니다. 체중은 지난주 14일 측정에서 63.2킬로로 지난달보다도 약 1킬로 늘었습니다. 또 요즘에는 사람의 아이처럼 사육 담당자와 노는 등 건강한 모습도 보이고 있습니다.

남자는 무엇에 대해서 이야기하고 있습니까?

1 판다의 특징
2 판다의 생일
3 판다의 성격
4 판다의 성장

迎える 맞이하다 | パンダ 판다 | 同じように 마찬가지로 | 十分に 충분히 | 栄養 영양 | ミルク 우유 | やめる 그만두다, 끊다
前足 앞발 | 体重 체중, 몸무게 | 測定 측정 | 人間 인간, 사람 | 飼育 사육 | ～係 ～담당, ～담당자 | ～てもらう (남이) ～해 주다
様子 모습, 상태 | 特徴 특징 | 性格 성격 | 成長 성장

問題4

문제4

1番

入院していた病院を退院します。医者に何と言いますか。

女　1　お大事に。
　　2　お世話になりました。
　　3　また、来てください。

1번

입원해 있던 병원을 퇴원합니다. 의사에게 뭐라고 말합니까?

여　1　몸조리 잘하세요.
　　2　신세 많이 졌습니다.
　　3　또 오세요.

入院 입원 | 退院 퇴원

2番

近所の人にお土産をもらいました。何と言いますか。

女　1　つまらないものですが…。
　　2　どうぞ、お召し上がりください。
　　3　ありがとうございます。いただきます。

2번

이웃에게 선물을 받았습니다. 뭐라고 말합니까?

여　1　별 거 아니지만….
　　2　맛있게 드세요.
　　3　감사합니다. 잘 받을게요.

近所 근처, 이웃 | つまらない 별 볼 일 없다, 하찮다 | 召し上がる 드시다

3番

家にお客様が来ました。何と言いますか。

男　1　どうぞ、おあがりください。
　　2　おじゃまします。
　　3　失礼します。

3번

집에 손님이 왔습니다. 뭐라고 말합니까?

남　1　어서 들어오세요.
　　2　잠시 실례하겠습니다.
　　3　실례합니다.

おあがりください 들어오세요 | おじゃま 실례, 방해 | 失礼 실례

4番

駐車禁止なのに車を止めている人がいます。何と言いますか。

男　1　車がないので乗せてください。
　　2　車がなくて困っています。
　　3　ここに車を止めてはいけません。

4번

주차금지인데 차를 세우고 있는 사람이 있습니다. 뭐라고 말합니까?

남　1　차가 없으니까 태워 주세요.
　　2　차가 없어서 곤란합니다.
　　3　여기에 차를 세우면 안 됩니다.

駐車 주차 | 禁止 금지 | 止める 세우다, 멈추다 | 乗せる 태우다, 싣다

問題5

1番

女　雨が降ってもおかしくない空だね。

男　1　いい天気でよかったね。

　　2　何がそんなにおかしいの？

　　3　確かに、降りそうだね。

おかしい 이상하다 | 確かに 분명히, 확실히

2番

女　遠慮なく、たくさん食べてくださいね。

男　1　では、おかわりしてもいいですか。

　　2　では、お帰りください。

　　3　では、食べさせてください。

遠慮 사양, 삼감 | おかわり 같은 음식을 더 먹음

3番

男　先生、この前の授業のことでお聞きしたいことがあるのですが…。

女　1　そうですね。聞いたことがあります。

　　2　いえいえ、特に質問することはありません。

　　3　ええ、何でしょうか。

特に 특히, 특별히

4番

女　宿題、もうやっちゃった。

男　1　じゃ、明日一緒にやろう。

　　2　まだ終わってないの？

　　3　終わったの？ 早いね。

もう 이미, 벌써 | 終わる 끝나다, 끝마치다

5番

男　このケーキ８人分に分けといてもらえますか。

女　1　はい、取っておきますね。

문제5

1번

여　비가 와도 이상하지 않은 하늘이네.

남　1　날씨가 좋아서 다행이다.

　　2　뭐가 그렇게 이상한데?

　　3　진짜, 비 올 것 같다.

2번

여　사양하지 마시고 많이 드세요.

남　1　그럼 더 먹어도 될까요?

　　2　그럼 돌아가세요.

　　3　그럼 먹게 해 주세요.

3번

남　선생님, 지난번 수업에 대해 여쭙고 싶은 게 있는데요….

여　1　맞아요. 들은 적이 있어요.

　　2　아니요, 특별히 질문할 것은 없어요.

　　3　네, 뭔데요?

4번

여　숙제 이미 해 버렸어.

남　1　그럼 내일 같이 하자.

　　2　아직 안 끝났어?

　　3　끝났어? 빠르네.

5번

남　이 케이크 8명 몫으로 나눠 주시겠어요?

여　1　네, 마련해 놓을게요.

2 すぐやっておきます。

3 もらえないかもしれませんね。

2 바로 해 둘게요.

3 못 받을 지도 모르겠네요.

～分 몫 | 分ける 나누다 | ～てもらう (남이) ～해 주다 | 取っておく 준비해 두다, 마련해 두다 | ～ておく ～해 두다

6番

男 この前貸してくれたゲーム、やりだしたら止まらなくなっちゃった。

女 1 そうでしょう？ 面白いでしょ？

2 え、ゲームなくしちゃった？

3 無理にやらなくてもいいよ。

6번

남 지난번에 빌려 준 게임, 한 번 시작하니까 멈출 수가 없었어.

여 1 그렇지? 재미있지?

2 뭐? 게임 잃어버렸다고?

3 무리해서 하지 않아도 돼.

～てくれる (남이) ～해 주다 | ～だす ～하기 시작하다 | 止まる 멈추다, 멎다 | なくす 잃어버리다 | 無理に 무리해서, 억지로

7番

女 木村さんとご飯食べただけなのに、変な噂が立っちゃって…。

男 1 座ったらいいんじゃない？

2 ご飯を食べてる時に立っちゃいけないよ。

3 そんなのみんな、すぐ忘れるよ。

7번

여 기무라 씨하고 밥만 먹었을 뿐인데, 이상한 소문이 나서….

남 1 앉으면 되지 않아?

2 밥 먹을 때 서 있으면 안돼.

3 그런 거 다들 금방 잊을 거야.

変だ 이상하다 | 噂が立つ 소문이 나다 | ～ちゃいけない(～てはいけない) ～해서는 안 된다

8番

女 家で料理をすることがありますか。

男 1 たいていは家にいますよ。

2 ええ、たまにしますよ。

3 思ったよりお上手ですね。

8번

여 집에서 요리할 때가 있어요?

남 1 대부분은 집에 있어요.

2 네, 가끔 해요.

3 생각보다 잘하시네요.

たまに 가끔, 이따금 | 思ったより 생각보다

9番

女 山田さんは今何をされているんですか。

男 1 会議の資料を作っているところですよ。

2 そろそろ、家に帰る時間ですね。

3 部長に怒られてしまいました。

9번

여 야마다 씨는 지금 뭐하고 계세요?

남 1 회의 자료를 만들고 있는 중이에요.

2 슬슬 집에 돌아갈 시간이네요.

3 부장님께 혼났어요.

される 하시다〈する의 존경어〉 | 資料 자료 | ～ているところ 한창 ～하고 있는 중 | そろそろ 슬슬

N3 聴解 解答用紙 1회

受験番号 Examinee Registration Number	

名前 Name	

〈 ちゅうい Notes 〉

1. くろいえんぴつ（HB、No.2）でかいてください。
   Use a black medium soft (HB or No.2) pencil.
2. かきなおすときは、けしゴムできれいにけしてください。
   Erase any unintended marks completely.
3. きたなくしたり、おったりしないでください。
   Do not soil or bend this sheet.
4. マークれい Marking examples

よい Correct	わるい Incorrect
●	⊘ ◒ ◯ ◐ ⊖ ⦶ ●

問題 1				
1	①	②	③	④
2	①	②	③	④
3	①	②	③	④
4	①	②	③	④
5	①	②	③	④
6	①	②	③	④
問題 2				
1	①	②	③	④
2	①	②	③	④
3	①	②	③	④
4	①	②	③	④
5	①	②	③	④
6	①	②	③	④
問題 3				
1	①	②	③	④
2	①	②	③	④
3	①	②	③	④

問題 4			
1	①	②	③
2	①	②	③
3	①	②	③
4	①	②	③
問題 5			
1	①	②	③
2	①	②	③
3	①	②	③
4	①	②	③
5	①	②	③
6	①	②	③
7	①	②	③
8	①	②	③
9	①	②	③

N3 聴解 解答用紙 2회

受 験 番 号 Examinee Registration Number	

名 前 Name	

< ちゅうい Notes >

1. くろいえんぴつ（HB、No.2）でかいてください。
   Use a black medium soft (HB or No.2) pencil.
2. かきなおすときは、けしゴムできれいにけしてください。
   Erase any unintended marks completely.
3. きたなくしたり、おったりしないでください。
   Do not soil or bend this sheet.
4. マークれい Marking examples

よい Correct	わるい Incorrect
●	⊘ ◌ ◎ ◍ ⊜ ⦶ ●

問題 1				
1	①	②	③	④
2	①	②	③	④
3	①	②	③	④
4	①	②	③	④
5	①	②	③	④
6	①	②	③	④
問題 2				
1	①	②	③	④
2	①	②	③	④
3	①	②	③	④
4	①	②	③	④
5	①	②	③	④
6	①	②	③	④
問題 3				
1	①	②	③	④
2	①	②	③	④
3	①	②	③	④

問題 4			
1	①	②	③
2	①	②	③
3	①	②	③
4	①	②	③
問題 5			
1	①	②	③
2	①	②	③
3	①	②	③
4	①	②	③
5	①	②	③
6	①	②	③
7	①	②	③
8	①	②	③
9	①	②	③

N3 聴解 解答用紙 3회

受験番号 Examinee Registration Number	

名前 Name	

〈 ちゅうい Notes 〉

1. くろいえんぴつ（HB、No.2）でかいてください。
   Use a black medium soft (HB or No.2) pencil.
2. かきなおすときは、けしゴムできれいにけしてください。
   Erase any unintended marks completely.
3. きたなくしたり、おったりしないでください。
   Do not soil or bend this sheet.
4. マークれい Marking examples

よい Correct	わるい Incorrect
●	⊘ ◒ ◯ ◐ ⊖ ⦶ ●

問題 1				
1	①	②	③	④
2	①	②	③	④
3	①	②	③	④
4	①	②	③	④
5	①	②	③	④
6	①	②	③	④
問題 2				
1	①	②	③	④
2	①	②	③	④
3	①	②	③	④
4	①	②	③	④
5	①	②	③	④
6	①	②	③	④
問題 3				
1	①	②	③	④
2	①	②	③	④
3	①	②	③	④

問題 4			
1	①	②	③
2	①	②	③
3	①	②	③
4	①	②	③
問題 5			
1	①	②	③
2	①	②	③
3	①	②	③
4	①	②	③
5	①	②	③
6	①	②	③
7	①	②	③
8	①	②	③
9	①	②	③

N3 聴解 解答用紙 4회

受験番号 Examinee Registration Number	

名前 Name	

< ちゅうい Notes >

1. くろいえんぴつ（HB、No.2）でかいてください。
   Use a black medium soft (HB or No.2) pencil.
2. かきなおすときは、けしゴムできれいにけしてください。
   Erase any unintended marks completely.
3. きたなくしたり、おったりしないでください。
   Do not soil or bend this sheet.
4. マークれい Marking examples

よい Correct	わるい Incorrect
●	⊘ ◌ ◎ ◍ ⊖ ⦶ ●

問題 1				
1	①	②	③	④
2	①	②	③	④
3	①	②	③	④
4	①	②	③	④
5	①	②	③	④
6	①	②	③	④
問題 2				
1	①	②	③	④
2	①	②	③	④
3	①	②	③	④
4	①	②	③	④
5	①	②	③	④
6	①	②	③	④
問題 3				
1	①	②	③	④
2	①	②	③	④
3	①	②	③	④

問題 4			
1	①	②	③
2	①	②	③
3	①	②	③
4	①	②	③
問題 5			
1	①	②	③
2	①	②	③
3	①	②	③
4	①	②	③
5	①	②	③
6	①	②	③
7	①	②	③
8	①	②	③
9	①	②	③

N3 聴解 解答用紙 5회

受験番号 Examinee Registration Number	

名前 Name	

〈 ちゅうい Notes 〉

1. くろいえんぴつ（HB、No.2）でかいてください。
   Use a black medium soft (HB or No.2) pencil.
2. かきなおすときは、けしゴムできれいにけしてください。
   Erase any unintended marks completely.
3. きたなくしたり、おったりしないでください。
   Do not soil or bend this sheet.
4. マークれい Marking examples

よい Correct	わるい Incorrect
●	⊘ ◒ ◯ ◐ ⊖ ⦶ ●

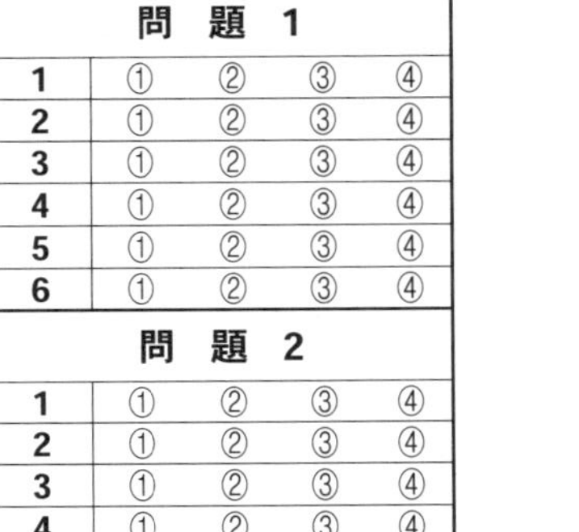

問題 1				
1	①	②	③	④
2	①	②	③	④
3	①	②	③	④
4	①	②	③	④
5	①	②	③	④
6	①	②	③	④
問題 2				
1	①	②	③	④
2	①	②	③	④
3	①	②	③	④
4	①	②	③	④
5	①	②	③	④
6	①	②	③	④
問題 3				
1	①	②	③	④
2	①	②	③	④
3	①	②	③	④

問題 4			
1	①	②	③
2	①	②	③
3	①	②	③
4	①	②	③
問題 5			
1	①	②	③
2	①	②	③
3	①	②	③
4	①	②	③
5	①	②	③
6	①	②	③
7	①	②	③
8	①	②	③
9	①	②	③

Memo

Memo